时代印记

王志艳◎编著

林肯

延边大学出版社

图书在版编目（CIP）数据

寻找林肯 / 王志艳编著 . —延吉：延边大学出版社，2013.8(2020.7 重印)

ISBN 978-7-5634-5894-3

Ⅰ.①寻… Ⅱ.①王… Ⅲ.①林肯，A.（1809～1865）—传记—青年读物②林肯，A.（1809～1865）—传记—少年读物 Ⅳ.① K837.127=41

中国版本图书馆 CIP 数据核字 (2013) 第 209671 号

寻找林肯

编著：王志艳
责任编辑：孙淑芹
封面设计：映像视觉
出版发行：延边大学出版社
社址：吉林省延吉市公园路 977 号 邮编：133002
电话：0433-2732435 传真：0433-2732434
网址：http://www.ydcbs.com
印刷：唐山新苑印务有限公司
开本：690×960 1/16
印张：11 印张
字数：100 千字
版次：2013 年 8 月第 1 版
印次：2020 年 7 月第 3 次印刷
书号：ISBN 978-7-5634-5894-3
定价：29.80 元

前言

历史发展的每一个时代，都会有对后世产生巨大影响的人物，都会有推动我们前进的力量。这些曾经创造历史、影响时代的英雄，或以其深邃的思想推动了世界文明的进步，或以其叱咤风云的政治生涯影响了历史的进程，或以其在自然科学领域中的巨大成就为人类造福……

总之，他们在每个时代都留下了深深的印记，烙上了特定的记号。因为他们，历史的车轮才会不断前进；因为他们，每个时代的内容才会更加精彩。他们，已经成为历史长河的风向标，成为一个时代的闪光点，引领着我们后人走向更加深邃的精神世界和更加精彩的物质世界。

今天，当我们站在一个新的纪元回眸过去的时候，我们不能不提起他们的名字，因为是他们改变了我们的世界，改变了人类历史的发展格局。了解他们的生平、经历、思想、智慧，以及他们的人格魅力，也必然会对我们的人生产生深刻的影响。

为了能了解并铭记这些为人类历史发展做出过巨大贡献的人物，经过长时间的遴选，我们精选出一些最具影响力、最能代表时代发展与进步的人物，编成这套《时代印记》系列丛书，其宗旨是：期望通过这套青少年乐于、易于接受的传记形式的丛书，对青少年读者的成长产生潜移默化的影响，使他们能够从中吸取到有益的精神元素，立志奋进，为祖国、为人类作出自己的贡献。

前言

　　本套丛书写作角度新颖，它不是简单地堆砌有关名人的材料，而是精选了他们一生当中最富有代表性的事迹与思想贡献，以点带面，折射出他们充满传奇的人生经历和各具特点的鲜明个性，从而帮助我们更加透彻地了解每一位人物的人生经历及当时的历史背景，丰富我们的生活阅历与知识。

　　通过阅读这套丛书，我们可以结识到许多伟大的人物。与这些伟人"交往"，也会进一步提高我们的思想品格与道德修养，并以这些伟人的典范品行来衡量自己的行为，激励自己不断去追求更加理想的目标。

　　此外，书中还穿插了许多与这些著名人物相关的小知识、小故事等。这些内容语言简练，趣味性强，既能活跃版面，又能开阔青少年的阅读视野，同时还可作为青少年读者学习中的课外积累和写作素材。

　　我们相信，阅读本套丛书后，青少年朋友们一定可以更加真切、透彻地了解这些伟大人物在每个时代所留下的深刻印记，并从中汲取丰富的人生经验，立志成才。

导 言

Introduction

〜〜〜

　　亚伯拉罕·林肯（1809—1865），美国第十六任总统，也被称为"平民总统"。他领导了美国南北战争，颁布了《解放奴隶宣言》，维护了美利坚合众国的统一，为美国在19世纪跃居世界头号工业强国开辟了道路，他被称为"伟大的解放者"。

　　林肯出身贫寒，从小便尝尽生活的艰辛。劳苦的经历和生活的磨炼也铸就了这位伟人的钢筋铁骨，培养了他超人的勇气、毅力和自信，更赋予了他驾驭自身命运的魄力和体谅民疾的爱心。

　　在逆境之中，林肯不屈不挠，忍辱负重，带领美利坚民族向恢复国家统一和解放黑奴的伟大目标稳步前进；在胜利之时，他不居功自傲，而是始终保持着谦虚质朴、宽厚仁慈的平民本色，以维护美国联邦大业和民族国家的长远利益为己任。

　　不幸的是，正当林肯总统准备着手推行他那宽大为怀的重建政策时，一名刺客的罪恶枪弹夺走了他的生命，同时也埋葬了他那崇高的理想。最终，他成为正义事业的伟大殉道者。

　　马克思曾不无惋惜地称这位"达到了伟大境界而仍然保持其优良品质的罕有人物"，一直到"在他成为殉难者倒下之后，全世界才发现他是一位英雄"。

　　林肯是黑人的救世主、美国的英雄，甚至是全世界的偶像。纵观林肯的一生，可以说是一部跌宕起伏的戏剧人生，开端平淡、发展曲折、高潮迭起、

尾声宏大，落幕时则赢得了无尽的掌声。

本书从林肯的儿时生活写起，一直追溯到他所从事的伟大事业及取得的辉煌成就，直至为正义事业而光荣献身，再现了林肯具有传奇色彩的一生，旨在让广大青少年朋友了解这位伟人不平凡的成长历程，并从中获取丰富的历史知识和深刻的人生体验。

目 录
contents

时代印记　目录

第一章　开垦区的少年

我不一定会胜利，但定会真诚行事。我不一定会成功，但会保持一贯的信念。我会与任何正直持平的人并肩而立。他对的时候，我会给予支持；他错的时候，我肯定会离他而去。

——林肯

（一）

1809年2月12日凌晨，在美国肯塔基州哈丁县霍金维尔附近的一间小木屋中，助产婆为产妇南希·汉克斯接生了一个小婴儿。

谁能够想到，这个出生在小木屋中的男孩，52年后竟然能够成为美利坚合众国第十六任总统及黑奴的救星！

小婴儿的父亲名叫托马斯·林肯，是一个勤劳的拓荒者。1807年2月，托马斯与南希已经生育了一个女儿，名叫萨拉。现在这个孩子，是他们的第二个孩子。

"神把世界上最美好的宝物赐给了我们。"平时沉默寡言的托马斯端详着小婴儿的脸，不禁感动地说出这句话。

托马斯给这个天使般的小婴儿取名为亚伯拉罕·林肯，这也是他父亲的名字。早在与南希结婚的时候，托马斯就迫切地希望能有个儿

1

子，并决定将父亲的名字亚伯拉罕·林肯留给儿子，以此来纪念他那被印第安人杀害的父亲。

林肯出生后不久，托马斯就用马车把全家都搬到离霍金维尔不远的诺兰河平原。在这里，托马斯购买了200英亩的土地。

来这里安家的拓荒者很多，在邻居的帮助下，托马斯修建了一所带有阁楼的小木屋。在小木屋的外面，有一条著名的坎伯兰小道。在这条小路上，经常有带篷的卡车载着移民驶向远方，还有兜售杂货的小贩沿途高声叫卖。有时，路上还会出现很多蓬头垢面的奴隶，他们疲惫不堪地移动着脚步慢慢向前挪动。跟在他们后边的，是高踞在马背上的监工或奴隶贩子。

就是在这样的环境下，小林肯一天天地成长着。在这里他学会了说话、走路，稍大一点时，他帮助姐姐做家务，提水、搬运劈柴、清扫炉灰。

农忙的时候，他还要跟随父亲一起去开荒种地。他们每天忙着砍树、除草，挖开长满草根的荒地，种上庄稼。

他们平时吃的大多是从附近的森林里猎获的野味，如鹿、熊、野鸭和野鹅等。晚上，小木屋里用木柴、松明子和猪油照明。从春末到深秋，林肯和姐姐萨拉都是光着脚板出去采摘榛果和其他的野果子回家。

在今天看来，林肯的童年生活过得并不幸福，没有良好的生活条件，更谈不上受到系统的教育。然而，林肯却从小就读到了一本大书——广阔的大自然。生活在高山深谷环抱的诺兰河，林肯养成了热爱自然和热爱劳动的朴实品质。

一转眼，林肯长到3岁了，他头脑灵活，聪明可爱，邻居们都很喜欢他，南希也十分喜欢这个儿子。小林肯平时很喜欢黏着姐姐萨拉，也会帮助姐姐一起做些家务，但只要看到树枝上有松鼠时，他就会把工作扔在一边，忙着捡石头打松鼠。

"这个孩子，就像耕地的农作物一样，是旷野中的孩子。"父亲托马斯笑着说。

不过，旷野里的杂草绝不怕风吹日晒，小林肯的身体也像这些杂草一样，一天天长高、变得强壮。但他是个沉默寡言的孩子，除了萨拉之外，他很少与人畅谈。

"这个孩子如果太像我，将来一定没什么出息。"托马斯一边端详着树下玩得正欢的小林肯，一边笑着自言自语。

可是林肯并不完全像父亲那样不善于与人相处，对别人的谈话，他总是能够认真地倾听。

很快，林肯就5岁了。南希觉得，应该让两个孩子上学读书，可是托马斯却不大情愿。他觉得对他们那样的拓荒者家庭来说，读书根本没什么用。孩子们只要勤快、会做事就行了。事实上，两个逐渐长大的孩子也的确成了父母的好帮手。如果让他们去上学了，不但要花钱，家里的活儿又让谁来做呢？

但托马斯拗不过固执的妻子，只好答应让萨拉和林肯去上学。

学校离家有3.2千米远，林肯每天和姐姐都要在学校里跟着老师练习读书写字。当时的课本，是韦伯斯特编写的拼字课本，而做练习则通常用木炭东涂西抹来完成。

虽然托马斯不情愿孩子们上学，但当林肯用一根木炭写出自己的名字时，托马斯还是相当得意的。因为在当地，即便是在托马斯眼里很有文化的传教士也不会写出自己的名字，而现在，他的儿子能够做到，这怎么能不让他得意呢？

林肯所在的这所学校并不是整年都上课的，老师每隔两三个月就必须到其他的开垦地去教书，因此只能称之为巡回学校。

当林肯学会写自己的名字时，学校的课业就结束了，因为老师必须要离开这里，到别的地方去教课。

（二）

自从搬到诺兰河平原之后，林肯一家人的生活就有了些许的改善，但也只是比以前稍微好一点而已，他们仍然很贫穷。小林肯依然要每天一大早起来，跟随父母到田里劳作。

有一天，小林肯在播种时，突然心血来潮，在每个小洞里都播下两颗种子，结果只播种了一半，种子就没有了。

极少生气的托马斯，忍不住大骂林肯："你这个笨蛋！今年的收成看来只有一半了！"

祸不单行。这天夜里，突然狂风大作，下起了倾盆大雨，刚刚播好的种子就这样被冲走了。现在，连一半的收获都没有了，一家人陷入了绝境。这时的林肯虽然年龄很小，但已经能够体会到农民靠天吃饭的辛苦命运了。

虽然日子过得艰苦，但每天的晚饭时间却非常温馨。父子二人拖着又脏又累的身子回到家中时，母亲早就做好了玉米汤等着他们，一家人围坐在火炉旁，知识丰富的母亲给孩子们讲述一些自己少女时代读过的故事，以及华盛顿总统的事迹。

听着母亲的故事，林肯浑身的疲劳一扫而光。在这块没有书本的土地上，母亲便是林肯的百科辞典。

母亲还是个信仰十分虔诚的人，她经常念圣经给孩子们听。这时的林肯虽然还听不懂其中的意思，但也能记住几句。

有一段时间，母亲南希总是感到将要有什么不吉利的事情发生。果然有一天，托马斯回来后，脸色很难看。

"出了什么事吗？"南希不安地问。

"看来我们要被赶走了，土地将被白白没收。"托马斯阴郁地从口袋中掏出一个公文夹。

"但是，我们不是已经买下这块地了吗？我们是签了契约的。"南希不解地说。

"没有契约，那张契约还没有发到我们的手中。我们确实买了土地，可是没有用。真是倒霉！"

"这里不能待下去了，印第安纳是个最好的去处。"托马斯叹着气，无奈地说。

林肯一家迁往印第安纳州的原因，是因为托马斯在霍金维尔原诺兰河农场和当地诺布河农场的产权问题上所打的两场官司。当时，美国的奴隶制长盛不衰，哈丁县的一个农场主在1816年就拥有58名黑人奴隶。

美洲的黑人奴隶制最早要追溯到1619年。那时，一批非洲黑人被贩卖到南部的弗吉尼亚州当奴隶。1775年至1783年的独立战争后，美国人民虽然推翻了英国的殖民统治，但仍然没能实现消灭奴隶制的这一民主革命进程。这样一来，在美国就同时存在着两种社会经济制度，即北部的资本主义自由雇佣劳动制和南部的种植场黑人奴隶制。

正如亚伯拉罕·林肯后来所写的那样，他的父亲托马斯·林肯之所以决定举家西迁到印第安纳州，"部分是因为奴隶制问题，主要是因地契上的纠纷"。

1816年冬天来临的时候，托马斯·林肯一家便准备举家迁徙到印第安纳州。

这一年，林肯刚刚7岁。父亲在决定迁徙后，便一连几天都到山上去砍树，然后锯成木板，又花了几天的工夫做成了一艘平底的小船。

当时，林肯一心一意只想坐船出去玩，所以每天也都很勤快地帮父亲的忙。

但最后，林肯却没能坐上船，因为小船做好后，父亲立刻就载着粮食和行李顺着河流出发了。

几天后，父亲回来了，可是并没有坐着船回来，而是徒步回来的。

"我找到了一块很大的土地。"托马斯在向一家人宣布时，林肯的心思依然还系在那艘小船上。

"爸爸，我们的船呢？"林肯问道。

"中途翻了。"

父亲轻描淡写地掩饰了这件不幸的事，但对林肯来说，坐船去游玩是他盼望已久的事情，现在船没有了，他真是相当失望！

不久，林肯一家便收拾行李准备再次搬家。穷人的家里根本没什么家具，几只锅、几件餐具，再加上几件旧衣服，就是全部的行李了。像他们这样贫困的移民，连马车都没有。

托马斯和林肯共骑着一匹马，母亲和萨拉则骑着另外一匹，几只猪、几只牛羊，就由牧羊犬赶着跟在后面。

（三）

当时的印第安纳州还是个人烟稀少的地方，一家人沿着俄亥俄河的河岸走了好几天，终于到达了距离俄亥俄河大约26千米，靠近鸽子溪的一块比较开阔的高地上。

的确像父亲所说的那样，这里是个好地方，每个丘陵上都有青翠的森林，山谷之中还有叮咚的小溪，可以称得上是青山绿水了。

父亲选了一处树木比较稀少的地方，砍伐木材，搭建了一所简单的圆木小屋。

一家人刚住进去没多久，12月初，天气便日渐冷了起来，风霜雪雨也开始不断地袭击着这个拓荒者简陋的新居。他们的居住地离水源较远，加上食物很少，没有水果，没有蔬菜，没有……缺少的东西太多了，这让人更加体会到生活的艰辛。

父亲每天都要到森林里去打猎，因为除了兽肉之外，再也没有其他可以吃的东西了。每当连续下几天的大雪，野兽不知道躲在哪里时，一家人就只能挨饿。

小木屋被积雪掩埋的日子实在痛苦，年幼的林肯必须负责每天的挑水工作。他得抱着水桶走在深及膝盖的雪地里，到河边舀到河水之后再走回来，一双小手总是冻得又红又肿。

一天又一天，好不容易熬过了冬天，等来了温暖的春天。

当积雪融化，露出下面的黑土时，父亲便到森林里去砍树，其中较大的木头留着以后盖房子用，小一点的就当柴火。父亲负责砍树，母亲、姐姐萨拉和林肯便负责一趟一趟地把木材从森林里拖回来。

树木砍掉后，还要花上几天的时间把留在泥土中的树根挖掉，然后再用铁锹把土地挖松。

这是十分艰辛的一年。他们要开垦荒地，要在少得可怜的几英亩荒地上把树砍掉，还要除掉杂草，然后种上庄稼。

这也是一项艰苦和细致的工作，一家人有时要全部出动，林肯和萨拉跟随父母用小铲子一点点地挖出长满草根的荒地。两个孩子的手上不时地磨出血泡来，萨拉会跑到妈妈那里让她看，而小林肯却闷不做声，继续干活。在开垦地成长的林肯一直认为，小孩子这样工作是应该的。

艰难的岁月，让孩子们很早就变得成熟起来。

经过辛苦的整理后，托马斯一家终于开垦出一小块土地，然后在地里种下玉米和小麦的种子，只要有收获，下一个冬季一家人就不会挨饿了。

夏季来临时，托马斯又盖了一所比较坚固的房子。为了防风，父亲连墙壁上的窗户都没有留，这样冬天就不用怕冷了。在房子的旁边，托马斯还加盖了一座牲畜栏，用剩下的一点钱买了一匹乳牛回来饲养。为了照顾家中的马、羊、猪和奶牛，萨拉和林肯每天都忙得不可开交。

第二年，当春天再次来临时，托马斯一家所拥有的田地已经很大了，一家人也已经习惯了新的生活。

"幸亏我们搬到印第安纳来了，否则日子真的不知道会苦到什么程度。"托马斯愉快地想着，他相信幸福之神已经降临了。

在这里，也有巡回老师设立的临时学校，南希再次萌发了要送孩子们去读书的念头。她不想让孩子们像她和丈夫一样，做一辈子的文盲，希望孩子们能够成为知书达理的人。

这一次，托马斯还是反对：

"读书能有什么用呢？我看林肯长得高，骨架也很粗壮，以后会是个干活的好手，做个猎人什么的都可以，这样也能为我们省点钱。"

"不！"谁知小林肯在一旁插话了，"爸爸，我要去上学，我喜欢读书。"

这可能也是林肯第一次公开地对父亲说"不"，令托马斯吃惊不小。

在母亲南希和林肯自己的坚持下，林肯和姐姐萨拉终于如愿以偿地再次上学了。

这里的学校离家很远，道路也崎岖不平。林肯的草鞋早就穿坏了，遇到下雨天，他就只能光着脚走路。

上学时，林肯戴着一顶松鼠皮的帽子，穿着鹿皮裤子。裤子短得可怜，裤脚离脚面很远，于是，一段又瘦又青的胫骨就每天暴露在风雪当中。

上课是在一间残破的木屋当中，没有窗户，每面墙上留一点空间，再糊上油纸，便于光线进来。桌椅也都是用劈开的木头做的。

就是在这样艰苦的条件下，林肯对学习产生了浓厚的兴趣。在学校上课时间短，他就把功课带回家做。纸张昂贵而稀少，他就用木炭在木板上写字或计算。买不起课本，他就向别人借，然后抄写在信纸上，再用细绳缝起来……

就这样，林肯在印第安纳州度过了三年艰辛而贫困的童年时光。

林肯是美国历任总统中最具幽默感的一位。早年在读书时，有一次考试，老师问他："你愿意答一道难题，还是两道容易的题目？"林肯很有把握地答："答一道难题吧。""那你回答，鸡蛋是怎么来的？""鸡生的。"老师又问："那鸡又是从哪里来的呢？""老师，这已经是第二道题了。"林肯微笑着说。

第二章　痛失母亲

你可以在某些时间里欺骗所有的人，也可以在所有的时间里去欺骗某些人，但你决不能在所有的时间里欺骗所有的人。

——林肯

（一）

1816年冬，与托马斯·林肯家一样蜂拥来到印第安纳州的，还有很多其他地方的移民。他们或坐着大车穿过东部山脉的隘口，或乘坐平底船、驳船和汽艇沿着俄亥俄河涌来，争相购买每英亩两美元的国有土地。因此，在通往西部的道路和移民踩出的小径上，到处都是被遗弃的破车轮胎、轮圈、生锈的铁锅，以及饿殍骷髅和冻毙、病死的人兽枯骨。因染上传染疾病，或因连续阴雨、大风雪而倒毙道旁的移民比比皆是。

不过，像林肯一家凭借顽强的意志和不屈的毅力到达鸽子河畔，并且最后安定下来的幸运儿，也还是不少的。1816年，印第安纳作为一个独立的州加入了美国联邦。

其实早在1781年美国独立后，便制定并实施了第一部宪法——《邦联条例》。条例规定：美国是一个邦联制国家，由13个独立的州组成。当时，由于中央政府权力有限，邦联会议主席只能通过各州的行政当局去行使权力。

1787年，美国国会通过了新的宪法，将邦联制改为联邦制，极大地加强了联邦政府的权力。同时宪法还规定：俄亥俄河西北各垦殖区的居民人数只要达到6万人，即可取得独立州的资格而参加联邦，与原有的13个州享有同等的权利。

正是由于当时的印第安纳州已经具备了加入联邦的条件，幼小的林肯开始思索这样的问题：

"联邦？联邦到底是个什么东西？"

在林肯上学的小路上，要路过一排高大的木屋。每天，他都能看到一些戴着脚镣的奴隶在木屋外的田野中劳作。他们都有着一双被痛苦折磨得失神的眼睛。小林肯不明白，为什么父亲和自己在干活时不用戴上脚镣，而他们却要戴上。戴着这么沉重的东西干活，多影响干活效率呀！

"妈妈，那些黑人为什么要戴上脚镣呢？"林肯不解地问南希。

"因为他们是黑人，是奴隶。"

"奴隶？为什么他们是奴隶呢？"

"因为他们没有自由，这些事情你以后会慢慢明白的。"

林肯不再问了，而是沉默地看着远方的树木和延伸的地平线，若有所思。

与此同时，小林肯也经常听到大人们议论"奴隶""解放""自由"等话题。

"解放就是获得自由。自由，你知道吗？就是每个人都属于自己，不再属于别人；就是每天都回到自己的家，做自己的事，不受别人的驱赶，不受别人的辱骂。我们，包括那些黑皮肤的奴隶们，都应该成为这样的人！"

......

多么美好的语言，"自由""解放"，这些字眼在林肯听来，好像是一道光在他的面前划过一般。只是，现在有太多的东西他还不明白、不理解……

大脑中积累的问题越多，林肯对知识的渴望就越强烈。然而，对于一个贫困的家庭来说，林肯是没有机会读到更多的书籍的。当时，《圣经》是家中唯一的书籍，林肯将它当做了自己的启蒙读物。

<h1 style="text-align:center">（二）</h1>

1818年的夏天，印第安纳州的牲口突然得了一种怪病，莫名其妙地就死掉了不少。鸽子溪的牲口死得差不多时，同样的情况开始在人的身上出现。那时的医疗条件十分贫乏，一旦患病，都是无药可医。很多人都被染上了这种怪病，头晕恶心、口渴腹痛，不久就会痛苦地死去。有时甚至全家乃至整个村子的生命一并消逝。

这种怪病的病因，直到19世纪初人们才找到。原来，当地有一种植物名叫白蛇根草，它含有佩兰毒素，牛羊等动物一旦吃了这种草，就会中毒患病。而通过牛奶，这种病毒又会传染到人身上，通常只要一周的时间就会夺取人的生命。

这种病后来被通俗地称为乳毒病。它在鸽子溪一带肆虐，夺去了许多人的生命。这年10月，林肯的母亲南希也染上了乳毒病，她不停地发着高烧，双唇发白，呼吸困难，痛苦地躺在床上呻吟着。

10月5日这一天，母亲恋恋不舍地拉着萨拉和小林肯的手，永远地离开了人世。

田地刚刚开垦好，满以为从此可以过上好日子了，母亲却无法享受，命运真的是太残酷了！

托马斯默默地到森林里砍树，然后锯成木板，做了一副棺材，将妻子埋葬了。

南希的墓就在一棵大树的下面，由于没有牧师，便由一位识字的人念了一段《圣经》，然后大家合唱赞美歌。母亲的葬礼就这样简单地结束了，从此，萨拉和小林肯变成了没有母亲的孩子。

在开垦的土地上，每个人都必须辛劳地工作才能生存。在大自然中开辟新的土地，听起来多么平常，却隐藏了无数的心酸！很多拓荒者都是穷人，吃不饱、穿不暖，却又必须辛勤的工作，因此许多身体羸弱的人往往用不了多久就会倒地不起。

林肯的母亲就是这样一位吃尽苦头的贫苦农民。可是，她虽然去世了，她的虔诚和慈爱，却永远留在林肯的心中。

南希去世后，家中的重担便落在萨拉和林肯两个孩子的身上。好在不到12岁的萨拉很能干，做饭、洗衣、纺纱，样样都能做得井井有条。林肯则负责打水，每天要走上1600多米的路才能把水打回来。生活的艰辛，可想而知。

自从母亲死后，家里也突然变得冷清起来，一向就不爱说话的林肯和父亲托马斯从此也变得更加沉默了。对只有9岁的林肯来说，世界已经变了样。他那幼小的心灵里过去还有着太多的依赖感，而现在，那个照亮他世界的亲人走了……

母亲刚刚去世时，林肯做每件事都会想到母亲的音容笑貌。白天，他随父亲去干活时，会经常不由自主地朝埋葬母亲的那个小山丘张望；晚上，他最喜欢吃完饭后，拨亮壁灯，朗读《圣经》，这会给他一种温暖的感觉，就像母亲在他身旁一样。林肯对母亲的思念，无法言表。

1819年2月，这是一个不寻常的月份，因为萨拉的生日快到了，林肯也马上要过10岁的生日了，而2月5日也是他们的母亲南希的生日。每年这个时候，是一家人非常欢快的日子，可今年不同了，全家人依然没有摆脱那种失去亲人的悲伤感，痛苦仍时时袭击着每个人的心灵。

是的，随着母亲南希的去世，家中的笑声没有了。满怀沮丧情绪承担着沉重家务的萨拉，以及常常在噩梦中被叫醒的林肯，在南希走后的好长一段日子里，都陷入了一种难以控制的孤独和痛苦中。

（三）

有一天，父亲托马斯说要出门几天，萨拉只好独自一个人煮东西，林肯则到外面劈柴。

父亲说是出门几天就回来的，可是好久也没有回来，姐弟俩只能在清苦的家中等待父亲回来的消息。

这一天早晨，姐弟俩正在地里劳动，忽然萨拉听到远处传来一阵急促的马蹄声。

"你听，有什么人向我们这边来了！"萨拉招呼林肯。

林肯放下手中的斧头，也侧着耳朵认真倾听着。

"不错，那是马车在石子路上经过的声音。"

不一会儿，大道上就有一辆驷马套车飞驰而来。当车驶近后，萨拉和林肯看到从车上跳下来的人，真的是自己日夜盼望中的父亲。

"啊，爸爸回来了！"萨拉和林肯欢快地跑向托马斯。

随后，从车上又下来一位陌生的少妇，以及尾随她的三个小孩子。这让姐弟俩又暗暗纳闷起来：

"他们是谁？来我们家里做什么？"

父亲看出了姐弟俩眼中的那一串串问号，便赶紧向他们介绍说：

"孩子们，一起到这边来。这一位，就是你们的新妈妈！"

林肯第一次见到了所谓的继母，着实吓了一跳。他目不转睛地盯着这个陌生的女人和她的三个孩子。

这时，新来的女人微笑着说：

"我想，我要做一个你们真正的母亲。不过，不知道你们是不是真心喜欢我，如果我喜欢你们的话？"

"我正在想，最好我们能够像其他孩子一样，有一个妈妈。"萨拉回答说。

可是，林肯的回答却有些含糊，他只是低声说：

"嗯，我也会尽量做个好孩子。"

"这个孩子可真老实。"继母听完林肯的话，微笑着说。

随后，托马斯向萨拉和林肯介绍了继母的三个孩子，老大已经12岁了，名叫莎莉·伊丽莎白，老二叫马蒂尔达，最小的男孩叫约翰·斯顿。

"从今天起，我们就是一家人了，所以大家要好好相处。"继母微笑着对孩子们说。

萨拉和林肯感到有些难为情，不敢上前与三个孩子一起握手拥抱。继母看到这个情形后，立即从行李中拿出新衣服，让萨拉和林肯换上，然后又一边为萨拉梳理头发，一边说：

"看看，多漂亮的小姑娘！"

大家一齐动手，从车上卸下了一大堆的家具：一床羽毛褥垫、几个枕头、一个核桃木柜子、一张桌子、几把椅子、一口大衣箱，还有锅、壶、刀、叉、汤匙等炊具和餐具等。虽然这些东西都不是什么奢侈品，但对从小就睡在铺着枯叶的床上，穿着满是补丁衣服的林肯姐弟来说，继母带来的每一件东西都简直太精美了。

当晚，萨拉和林肯睡在柔软的床上，简直像置身于梦境一样。

原本孤寂冷清的小屋子，现在一下子变成了七口人的大家庭了。继母是个勤快的女人，在她的整顿下，仅仅几天的工夫，家里就已经焕然一新了。不过，这座小屋子要住下七个人的确有点拥挤，于是托马斯又计划着再建一所新房子。

这一切对于小小年纪的林肯来说，简直是莫大的幸福了。因为新来的妈妈的确是真心疼爱林肯的；而林肯自己，也的确是个很懂事的孩子。继母不仅给小林肯以温厚的母爱，更重要的是鼓舞了他那争强好胜和自力更生的进取心。

后来，林肯在当选美国总统的时候，还非常怀念他的这段少年时光，并认为自己之所以能够当上总统，完全是得益于母亲的教诲。

当有人问他：

"你说的是哪一位母亲？是你的亲生母亲，还是抚养你长大的那个继母？"

林肯严肃地回答说：

"我的母亲只有一个！当我的生母去世，继母未来到我家前的半年中，我们生活得很惨！而这个继母和我的生母完全一样，所以，我也将她当成是我自己的亲生母亲。"

林肯当过律师。有一次出庭，对方律师把一个简单的论据翻来覆去地陈述了两个多小时，讲得听众都不耐烦了。好不容易才轮到林肯上台替被告辩护，他走上讲台，先把外衣脱下放在桌上，然后拿起玻璃杯喝了两口水，接着重新穿上外衣，然后再脱下外衣放在桌上，又再喝水，再穿衣，这样反反复复了五六次，法庭上的听众笑得前俯后仰。林肯一言不发，在笑声过后才开始他的辩护演说。

第三章　勤学不辍

凡是不给别人自由的人，他们自己就不应该得到自由，而且在公正的上帝的统治下，他们也是不能够长远地保持住自由的。

——林肯

（一）

自从继母来了以后，林肯一家的生活有了很大的改观，虽然依然贫困，但继母很善于打理生活，而且烹调手艺不错。和以前一样，家里主要吃的就是玉米、马铃薯、乳酪以及火腿等，但继母每天做出的菜式和味道都有变化，这让大家每顿饭都吃得津津有味。

更让小林肯感到快乐的是，继母的行李中有好几本书，都是少年读物，书不但很新，里面的字又大又清晰，而且都是《伊索寓言》、《鲁滨孙漂流记》一类的有趣故事。

林肯一有空，就坐在树下读书，遇到不懂的地方就去问继母。父亲托马斯对此不屑一顾，嘲笑林肯说：

"这些东西有什么可看的？"

就这样，原本只认识几个字母的林肯，已经渐渐从书中认识很多字词了。继母见林肯这样好学，又很聪明，因此当巡回教学的老师再次来临时，她说服了丈夫托马斯，送林肯去上学读书。

就这样，1820年，在小林肯11岁的时候，他又获得了一次上学的机会。这次机会十分来之不易，是继母极力劝说父亲，才为林肯争取到了的机会。

不过，那时的鸽子溪地处荒僻，学校的师资条件很差。即便是开学，也只能在冬季的农事休闲时，偶尔也有本身文化素质很差的教师来到鸽子溪，只给孩子们教一些读、写、算之类的基础知识；老师一走，学校也就随之关门了。因此多年以后，亚伯拉罕·林肯在回忆当时的情景时说：

"在这一时期，我全部上学的时间加在一起还不到一年。"

尽管林肯真正在学校受教育的时间很短，但他却养成了勤奋好学的习惯。他酷爱读书，只要能找得到的书，他都要拿来仔细地阅读。多年后，他的表兄丹尼斯·汉克斯回忆说：

"我从来没见到他不随身携带书本的。他把书塞在衬衫里，把玉米饼装满裤袋就耕地去了，晌午时他就坐在树下边读边吃。晚上回家，他把椅子往烟囱边一放，背靠着墙就能读起书来。"

没有书可读时，林肯就步行好远去别人家借书来阅读。据林肯后来回忆称，在借来阅读的书当中，有一本是帕森·威姆斯所撰写的《华盛顿传》，给他的印象最为深刻。在那阴沉的岁月里，书籍给林肯的生活带来了光明和欢愉，林肯也从书籍中汲取了大量的精神财富，乃至真正领悟到：一个人事业的成功，全靠锲而不舍、始终不懈的追求和脚踏实地、艰苦卓绝的奋斗。

同龄的小伙伴们对林肯如此痴迷于读书、沉醉于涂写的行为大为不解，甚至大多数的农村少年都认为林肯个性"古怪"。因为他不仅自己埋头读书，用木炭在铁锹上涂涂画画，还会在念过《肯塔基教师》这本书后提出疑问：

"谁最有权利进行控诉？是印第安人还是黑人？"

随后，他还会在玉米地里向众人大发议论，滔滔不绝地说个没完没了。

当然，林肯还是要经常与父亲一起在田地里干活。但干活以外的其他时间，他很少有无所事事的时候。他喜欢随便问别人一个问题，这也是林肯获取知识的另外一种方式，这种方法与读书同样受用。关于奴隶制、联邦政府、宗教等社会问题，一般同龄的孩子很少问津，甚至根本就不关心，可林肯却表现得十分有兴趣，因为这些都是他不理解的问题，凡是不理解的他都要去弄清楚。

平时大人们在谈话时，林肯也会安静地待在一旁仔细倾听，并且一刻不停地转动脑筋，思考着其中的道理。一些难懂的概念、想法常常让他寝食难安，但他仍然不愿意放弃学习各种知识的机会，总是细心琢磨，并向别人询问。林肯后来在回忆自己小时候如何学习时说，在面对一些不懂的问题时，"直到我用自己认为对任何人都是通俗易懂的话来解释它为止。"

在这一次学校关门，林肯离开学校之后，他就再也没有机会长时间地在学校里读书了。而林肯后来所掌握的丰富的知识，都是他自己长期勤勉不倦地自学的结果。

（二）

在这个时期，原本寂静的印第安纳州也逐渐热闹起来，这里的移民越来越多，丘陵上到处都是一座座的小木屋。

小木屋盖好后，接下来就是开垦田地了。这种繁重的工作，人手再多有时也忙不过来。

有一天，林肯从外面回来，看到父亲正在与一位最近才来的移民谈话。看到林肯回来后，父亲便对他说：

"这位先生听说你很勤快，想雇用你，你觉得怎么样？我想，你帮助别人做点事也不错。"

第二天，林肯就到这户人家去工作了。他按照主人的意思挖土、耕地、砍柴……一天的工资是16美分。虽然数目很少，但对家里却是很大的帮助。

父亲有时会偷偷去观察林肯的工作情况，他经常看到林肯在休息时间对其他的工人高谈阔论，工人们也似乎听得津津有味。父亲很奇怪：

"这个孩子在家里一句话都不说，现在到底在跟那些人说什么呢？"

原来，林肯正模仿牧师口若悬河地讲演，大家都觉得很有趣，而林肯自己更是一副很享受、很快活的样子。

林肯14岁的时候，当地有人开了一家杂货店，贩卖食品、农具、衣服等。店主很欣赏林肯的勤劳，就想请他来做店员。

父亲感到很怀疑：

"他能胜任这份工作吗？他根本不会与人打交道！"

可是林肯却答应了。这个在荒野中长大，平时沉默寡言的孩子，居然当起了店员，而且还能亲切地招待客人，使店内经常充满了笑声，杂货店的生意也越来越好。

事实上，过去林肯话很少，是因为他整天与大自然为伍，缺少说话的条件。林肯很喜欢店里的工作，因为这里经常出入各种各样的人，他也能听到许多新鲜事。而最令林肯高兴的，是店里订有报纸。通过阅读每天的报纸，林肯可以了解很多外面的世界的信息。

在这里，林肯还认识了一位城里法院的推事，名叫皮贾。皮贾见林肯很喜欢读书，就对他说：

"我有一些你看得懂的书，可以借给你看。"

这些书有《天方夜谭》《天路历程》《富兰克林的生平》《哈姆雷

特》等。同时，林肯还设法读到了杰克逊总统的首次就职演说，莫里斯在亚历山大·汉密尔顿葬礼上的发言，长达近500页的印第安纳州修正法典，等等。而对林肯产生重大影响的，还有司各脱所编写的《演说法教程》，这让林肯开始用心地琢磨起语言表达的精髓来。

拓荒者的生活是既平凡又单调的，同样，林肯的少年时代也很平凡。不过，在这种平淡的日子中，林肯大脑中的知识却逐日增多。

那时的林肯还不知道这些知识到底有什么用处，他只是发现自己看的书越多，不懂的事也越多。更让他感到懊恼的是，没有人可以请教，不管遇到什么问题，都要依靠自己的能力去解决。

林肯16岁那年，他的姐姐萨拉出嫁了。可惜的是，她在婚后第二年就因病去世了。这位从小就与林肯相亲相爱、同甘共苦的姐姐，如此年轻就离开了人世，使林肯心中的悲痛比母亲去世时更加深重。

姐姐的去世，也是林肯在少年时代即将结束时最为伤感的一件事。

（三）

随着岁月的流逝，林肯长大了。17岁时，他的身高已有1.93米寸，手臂修长，肌肉健壮，臂力过人。虽然每天的户外劳动使他十分困倦，但他还是如饥似渴地阅读所能找到的任何书籍。

有一次，林肯赤着脚徒步32千米去借一本关于印第安纳法律的书。后来去田间劳动时，他就经常随身带着这本书，在干活到地头，马匹需要休息一会儿时，他就会利用这些时间阅读。

他还常常步行24千米的路，到一个法院去听律师们的辩护词，看他们如何辩论，如何做手势。这些观摩学习，都为他日后成为一个卓越的演说家打下了坚实的基础。

父亲托马斯不赞同林肯读这么多的书。他认为，读书和工作根本没关系，而且读书只会令林肯变懒。但心地善良的继母却不这样认为，她认为托马斯应该允许孩子坚持自己的人生之路。

继母是一个精明能干的女人，她做得一手好针线活，还很会理家，对林肯也很关心，经常鼓励他多读书，教他做一个诚实善良的人。当林肯心中有烦恼的时候，继母总是宽慰他，帮他化解胸中的苦恼。林肯在后来的回忆中，也对这位继母充满了感激与敬仰。

林肯在田间干活时，经常带着一本叫做《奎因的笑话集》的书。每次当他坐在木头上高声朗读其中的某一部分时，树林中他的听众就会捧腹大笑。然而，田间的杂草却没有因为林肯的勤奋好学而减少，反而日益蔓延起来。

那些雇用林肯的农夫也开始埋怨林肯太懒惰，他也承认。

"我的父亲教我工作，"林肯说，"可他从未教我如何爱它们。"

有一天，林肯继续在田间讲笑话和演讲时，被父亲托马斯看到了。他当着众多人的面，上前就给了林肯一个响亮的耳光，并把林肯打倒在地。

林肯伤心地哭了，却一言不发。从此以后，父子之间便有了隔阂，这种隔阂甚至一直延续到他们生命的尽头。托马斯年老后，林肯在经济上虽然对父亲有所接济，但直到父亲临去世前，这个儿子也没有去探望过他。

林肯喜欢在田间工作，但他了解这种开垦的工作必须要付出很大的代价才能完成。住在荒野之中，有时还会受到野兽的袭击，有时会被印第安人攻掠。如果遇到暴风雨肆虐，河水泛滥成灾，辛苦开垦的土地就会荡然无存。相反，如果久旱无雨，土地就会干涸，农作物就会枯死。

而且，开垦区还缺乏学校，小孩子们像原始人一样无知。还缺乏医院和医生，一旦不幸得了重病，就无药可医，自己亲爱的母亲和姐姐都是因此失去了生命的。

所以，林肯最大的心愿，就是设法使开垦区成为较易生存的地方，并且改善拓荒者的生活，但这个愿望在当时根本无法实现。

林肯知道，自己已经长大了，必须依靠自己的能力去生活。于是，他就与父亲商量，准备到俄亥俄河岸的农场去干活赚钱。

托马斯答应了林肯的请求，这也是林肯第一次离开父亲去自力更生。

（四）

俄亥俄河是密西西比河的支流。虽然是支流，但它却算得上是一条大河，当时有很多船只在河上行使。这时，美国的开垦地已经扩展到密西西比河的西部了。当时的美国，就像一只不断膨胀的气球一样，一再扩张领土，政治与经济也在不断地发展。移民者越来越多，这些移民者不仅有英国的农民，还有荷兰、德国、意大利等地的农民。所以，横渡大西洋的船只在这里几乎没有中断过。随着拓荒者的增加，密西西比河两旁也形成了许多较大的城市。

林肯离开家，到达俄亥俄河岸后，就住在俄亥俄河的旁边。每隔几天，他就能看到装有水车的汽船驶来。

这种汽船是1807年由詹姆斯·富尔敦发明的。船的两侧装有大型水车，靠水车的旋转力量来推动船向前行走。

每次汽船驶来，船上、甲板上都站满了人，有商人、移民、旅人等等。林肯每次看到汽船，心里都十分憧憬。

有一天，林肯划着借来的小船在河边休息，突然跑来两个人，气喘吁吁地对林肯说：

"拜托，我们错过了时间，船已经开走了，请你送我们过河去好吗？"

两人边说，边用手指着停在河中央的大汽船。

林肯答应了两个人的请求，将两个人送了过去。

到了汽船上后，两个人给了林肯两枚5毛钱的硬币，作为渡船费。

林肯看着手里的钱，感到像是在做梦一样。自己平时辛苦干一天农活也只能得到35分钱，而现在不过是载人一次，居然就得到了1元钱！

本来只知道埋头工作的林肯，现在改变了想法。他立刻凑钱买了一条小船，做起船夫来。

原来，这条大街直对着河流，却没有码头，想要渡河的话，就必须要到稍远的下游去搭船。现在这里设了一个渡口，大家都觉得十分方便。所以，林肯的这一招很成功，来乘船的人很多，有时他甚至忙不过来。

在俄亥俄河的对岸的肯塔基州也有船夫，他们是一对名叫迪尔的兄弟。

有一天，迪尔兄弟找到林肯，上前抓住林肯就大骂起来：

"你这个小鬼，你抢了我们的生意，我要你好看！"

林肯用力一甩，就甩开了他们的纠缠。但迪尔兄弟并不罢休，威胁林肯说：

"你的生意是违法的，我们要到警察局告你！"

林肯便跟着他们来到了警察局。

根据肯塔基州的法律规定，做渡船生意必须经过政府的许可才行。一位名叫贝特的治安官在听了迪尔兄弟的控诉后，又听了林肯的陈述，认为林肯在印第安纳州那边做生意，并没有触犯肯塔基州的法律，因此并没有处罚林肯。

迪尔兄弟虽然不服，但也没办法，只好悻悻地离开了。

随后，贝特对林肯说：

"你难道不懂法律吗？一个再诚实的人，不懂法律也是要吃亏的！"

林肯这才知道，国家是有法律的，而每个州也有自己的法律。从那以后，林肯便经常到肯塔基州去向贝特请教有关法律的问题。在他的心中，又有了新的憧憬。

两年之后，19岁的林肯意外地获得了一次长途旅行的机会。

詹姆斯·金特里是当时的一个大农场主兼业主，控管着俄亥俄河畔的一处码头。经过对19岁的林肯多方了解后，他确信林肯精明能干、诚实可靠，于是就雇佣林肯当他的货船水手。

金特里准备装一船农产品沿密西西比河运到新奥尔良去出售。为了慎重起见，他让林肯跟自己的儿子艾伦一起去。他们把货物装上船后，便沿着这条大河顺流而下，向新奥尔良进发。

到达新奥尔良后，林肯第一次目睹了如此巨大的国际港口城市，这所城市也给了他新的感受。这里既有小巧玲珑的古雅楼房和耗资巨万的高耸华厦，又有拥挤不堪的贫民土窟和杂乱无章的简陋小屋；城里既有宽阔平坦的马路和货积如山的码头，又有狭窄污秽的小巷和垃圾遍地的街道。

在种植场主、公务人员、外国客商、海员水手和码头工人中间，偶尔也能瞥见一些自由的黑人，但更多的却是身带锁链的黑人奴隶。他们成群结队地被押着匆匆地走过街头，被发送到一些拥有千亩土地的棉花种植场，其后跟着的是手持鞭子的残忍的奴隶贩子。

两个月后，林肯告别了新奥尔良，回到詹姆斯·金特里农场。此后，林肯更加渴望到新世界里去闯荡，而不希望继续在偏僻的乡村中默默无闻地生活。只是，此时他没有更多的机会出去。所以1829年的一年，林肯都是在帮金特里先生坐店，生活倒也算顺畅。

有人认为林肯对待政敌的态度不够强硬，对他说："你为什么要让他们成为朋友呢？你应该想办法消灭他们才对。""我难道不是在消灭政敌吗？当我使他们成为我的朋友时，政敌就不存在了。"林肯温和地说。

第四章　新奥尔良之旅

我这个人走得慢，但从不后退。

——林肯

（一）

1830年的冬天，可怕的乳毒病再一次侵袭印第安纳州。这让托马斯一家感到十分恐惧和沮丧，于是，父亲托马斯决定再次西迁，将全家搬到亡妻南希的堂弟约翰·汉克斯落脚的伊利诺伊州梅肯县。

那年的3月1日清晨，托马斯·林肯收拾好简单的行装后便启程了。两辆牛驾大车和一辆驷马套车载着这个漂泊不定的大家庭，晓行夜宿，向西部缓慢驶去。

当时，地面上还残存着冬天的冰雪，这使得整个旅程都显得缓慢且令人厌烦。

经过320多千米的长途跋涉，托马斯一家终于到达了目的地，并找到了约翰·汉克斯。约翰领着托马斯一家人来到梅肯县迪凯特西南16千米处的散加芒河北岸。那是约翰为他们预先选好的新农场。

一家人利用约翰早已伐好的圆木，动手盖起了一栋新的住房、一间牲口棚和一间熏肉房，还有厨房等一应附属设施。又在房屋的四周围上栅栏，种上玉米，并且还开垦了15英亩土地。这样，新家算是初具规模了。

与此同时，美国的国会却正在以沉重的气氛争论着一个州政府是否有权退出联邦政府的严重问题。在那次辩论当中，美国上议院丹尼尔·韦伯斯特以他沉重而又像铃声一样的声音发表了一场演说。他就是后来被林肯认为的"美国演说中最优秀的楷模"。

在那被称为"韦伯斯特对海恩的答复"中，其末尾有名的几句话，是林肯后来奉为自己政治信仰的依据：

"自由和联邦，现今和永久，是一体而不可分割的！"

然而，最后这个暴风雨般的联邦案件，还是要等待三分一个世纪后才能解决。但解决者并不是韦伯斯特，而是一个笨拙而又身无分文，此刻正在艰难生活线上挣扎的垦荒者。此刻，他正赶着牛车，走在迁往伊利诺伊州的路上……

在散加芒河北岸安顿下来之后，托马斯一家的生活与过去没什么两样：砍伐树木，建立一个小屋子；开辟田地，播上种子，等待秋天的收获。而且，一家人的生活依然贫困。

林肯在帮父亲开垦好田地之后，便萌生了独自出去闯一闯的念头。林肯从未有过什么土地，而且从来也没想过要拥有土地。他已经在农场生活了20年，尝尽了垦荒农耕的辛酸。而且，他也厌恶那种过分劳碌和单调乏味的生活，而一种渴望要得到声望以及与其他社会人交往的欲望，也促使他想要得到一份自己喜欢的工作，能够让他见到他人，并吸收一些听众，并让他们为他的故事而拍手喝彩。

（二）

1831年5月，林肯的舅舅约翰·汉克斯与一位名叫丹顿·奥法特的生意人签订了一份合同。汉克斯将经由水路运送一批货物到新奥尔良去出售，他顺便带上22岁的亚伯拉罕·林肯和他的同龄异母的弟弟约翰·斯顿一同前往新奥尔良。

第二次登上新奥尔良的码头，眼前的景物与三年前首次见到的几乎没有太大的变化。这个浑身焕发着青春活力的拓荒青年，面对大都市的花花世界仿佛无动于衷。唯一令林肯惊心动魄的，是那些扑入眼帘的众多奴隶贩子的广告：

"愿出高价购买各种黑人，并即付现金；也可以代客销售，收取佣金。备有专存黑人的圈栏和囚笼。"

"出售10至18岁小妞数名，24岁的青年妇女一名，25岁的能干女人一名，外带三个壮实小孩。"

"购买18至25岁身体结实的黑人25名，男女均可，肯出高价，现金。"

……

林肯的舅舅约翰·汉克斯后来在回忆当时的情景时说：

"当时，我们看见很多黑人都被铁链锁住，挨皮鞭抽打，备受折磨，真是于心不忍，林肯更是显得坐立不安。他激动得一言不发，脸色十分难看，目光呆滞，仿佛在思索着什么。我敢说，正是这次航行才形成了他对奴隶制的看法。实际情况也的确是这样的，因为我经常听他说，1831年5月他所看到的一切刺痛了他的心。"

当他们经过一个奴隶拍卖所并看到一次黑奴大拍卖时，林肯感到了一种难以遏止的厌恶。一个黑白混血的漂亮姑娘正被拴在一根木桩上，她要忍受着挑选者的掐捏，这不免让她疼痛难耐地又蹦又跳。出价购买者还以一种对待牲口的方式，让她在一个小房间中像马一样跑来跑去。他们在挑剔着，仿佛她是货物或者一种动物，唯独不是人。

这个时候，林肯说，如果他将来有机会，那么他所给予这个制度的惩罚一定是致命的！

一个月后，林肯怀着一种悲愤的心情离开新奥尔良，乘汽轮沿密西西比河溯流而上。他要去一个新的地方——纽萨勒姆村，因为按照合同的规定，丹顿·奥法特将在那里开设商店和磨房，聘请林肯当店员，月薪是15美元，包吃包住。在那里，林肯将成为该村商店和磨房的伙计。

不久，奥法特也来到了纽萨勒姆村。他在村里买了一块土地，和林肯一起动手在这块土地上建了一所圆木小房。小房子的前厅开店，后面住人。货物运来后，林肯就把它们都码在货架上，或者堆置在屋子的一角。

由于林肯在经营商店过程中忠于职守，对顾客也很热情，并且诚信无欺，所以村民们都很喜欢他。

在当店员的时间中，林肯也接触到了各式各样的顾客。他们分别代表着不同阶层人民的心理与需求。这也成为林肯步入社会的开始——接触各种类型的人物，探索并研究他们的内心活动。

（三）

1831年8月1日，林肯平生第一次参加投票，选举国会议员。不过，林肯是受奥法特的委托才有机会参加的。

在选举议员的这天，由于选举事务所的人手不够，必须找人帮忙。而镇上和乡下来的人大都不识字，那么他们在投票时就站在选务员的前面，然后说出自己要投谁的票，再由选务员写在墙上的表格中。

林肯受托的，就是这件事。这对他来说简直太容易了，林肯的动作干净利落，又快又好，在一旁监督的地方人士都赞扬他：

"这个青年干得不错！"

这一天选举日，林肯简直如过节一般，他把大部分的时间都花费在投票箱附近，跟投票的人愉快地聊天，广交朋友，讲述故事。他还以惊人的记忆力记住了纽萨勒姆村周围几乎所有人的姓名和他们的音容笑貌。通过这次机会，林肯也得以认识了地方上的一些名人。

与林肯同年同月来到纽萨勒姆的，还有一个名叫约翰·艾伦的人。他是达特茅斯大学医学院的毕业生，是一位非常优秀的医生。同时，他对奴隶制也是深恶痛绝。为此，他总是心平气和地与人辩论，在辩论中也显示出了惊人的诚恳与顽强。

林肯在与艾伦认识后，便很喜欢与这位博学的医生一起探讨社会和经济问题。从艾伦的身上，林肯也学到了不少社会和经济方面的知识。

1831年末到1832年初，林肯在好友治安法官鲍林·格林的帮助下，开始钻研法律和学习怎样起草简单的文书。在学习法律和文书不到半年的时间里，林肯的心底便燃起了投身政治的火焰。同时，林肯也爱上了演讲。在纽萨勒姆，每周六晚上，洛特利基酒店的饭厅都会热闹非凡。曾经羞怯内向的林肯，在这里表现得十分活跃。在这里，他讲笑话，发表即兴演讲和宣扬他的政治见解。

这些活动是极其宝贵的，不仅扩充了林肯的心智，还唤醒了他的志愿。林肯发现，自己原来是有着非凡的才干的：用自己的言语去影响别人。这种认识也增强了林肯的勇气和自信。

1832年3月9日，林肯撰写了一篇文章，宣布自己将竞选伊利诺伊州的议员。文章写好后，由斯普林菲尔德镇的《散加芒报》印成传单散发。

在这篇竞选文章中，林肯对自己的政治观点和政治纲领充满信心，并准备同其他竞选者进行辩论。当时，由于在纽萨勒姆修筑铁路要花很多钱，所以只能靠汽轮进行交通运输。因此，对凡是能够改进纽萨勒姆的航运状态的措施，林肯都表示坚决赞成。他说：

"如果我当选，任何为了这一目的而又考虑周到的立法措施，都将得到我的认可和支持。"

与此同时，林肯还积极宣传要加强宗教道德教化事业，兴办教育，扩大出版。并且他还直言不讳地公开声明，他将个人竞选州议员的全部希望都"寄托在县内无党派的选民身上"，因为他没有参加过任何政党，加上"出身于并一直生活在最卑微的社会底层"，"没有财势兼有的亲朋的支持"。最后，他用一种让人怜爱的文句结束了这篇公告：

"然而如果善良的人民凭着他们的智慧，认为不拥护我是正确的，那么我也会因为饱受失望之苦而耿耿于怀的。"

这虽然是一篇言词朴拙、语调怯弱的竞选公告，但却是一位初出茅庐的年轻人的呕心沥血之作，表现出了林肯真正投身政坛所迈出的大胆一步。

第五章　初涉政坛

永远记住，你自己要取得成功的决心比其他什么都重要。

——林肯

（一）

1832年4月，美国伊利诺伊州边境上空战云密布，一场以美国移民为一方，土著印第安人为另一方的种族灭绝战正在酝酿之中。

印第安人中有一个萨克族，酋长人称"黑鹰"，是个很厉害的角色。他经常带着自己的手下出没于开垦区，掠夺马匹、子弹、财物等，并且屠杀居留地居民。通常"黑鹰"会带领10到20人出击，而这一次，却是带领几百人到处烧杀抢掠。

"黑鹰"军团的袭击引起了伊利诺伊州政府的恐慌。州政府立即召集义勇军，很多人响应报名。

"黑鹰"之战爆发后，丹顿·奥法特的店铺生意也骤然滑坡，几近倒闭。不久，奥法特就扔下小店悄然离开了纽萨勒姆，这也让林肯的生活陷入窘境。于是，林肯来到了里奇南河，参加了当地组织的一支自卫队，并被全体士兵选为连长。他们开拔到比尔兹敦营区，划归为驻扎在当地的1600名军团的一个小支部。

"黑鹰"之战初期，白人部队损失惨重，然而林肯和他的部队却没有正面接触到一个印第安人。

"黑鹰"最终被逮捕，战争很快就结束了，林肯也退伍回到了纽萨勒姆。

在战争期间，林肯认识了史都华。史都华比林肯年长两岁，是一个律师，很能干。与林肯相处一段时间后，史都华对林肯很了解。当林肯要回纽萨勒姆时，史都华对林肯说：

"你是个能为大众着想的人，很适合做律师，你应该学习法律。"

林肯很赞同史都华的建议，可是州议员的选期已经迫近，他必须先从事竞选工作。虽然战争耽误了他拉选票的机会，但也丰富了他的实地经验，他开始利用此事大做文章。

回到纽萨勒姆后，林肯便风尘仆仆地到处宣扬他的政见。他穿着一件短小的混纺牛仔上衣，一条亚麻长裤，戴着一顶草帽，四处奔波，寻求选民的广泛支持。只要看到有几个人聚在一起，他就会走过去对他们说：

"伙计们，我想你们大概认识我，我就是卑微的亚伯拉罕·林肯。"

然后与他们闲聊，或帮他们做事，趁机介绍自己的观点。

最后，林肯还到斯普林菲尔德县政府大楼前发表了一次演说，作为他这次参加州议会竞选的尾声。

1832年8月24日，州议会选举揭晓，林肯最终落选了，他在13名竞选人中排行第八。然而，在他所属的纽萨勒姆选区，林肯赢得了300张选票中的277票，支持率为92.3%。这也让林肯感到很欣慰，他认为自己下一次一定能够当选。

选举结束后，已经临近9月了，而林肯入伍的饷银还没有拿到手，现在他又失业了，他不得不重新去寻找一份稳定的工作来填饱肚子。

（二）

当林肯正在为生计发愁时，镇上正好有人要转让店铺，于是林肯就与一位名叫贝里的人一起把店铺承接下来。

刚开始时店铺的生意还不错，但日子一长，就出现了危机。贝里心灰意懒，没有经营的积极性；而林肯则成天沉醉于书本之中。他在斯普林菲尔德拍卖市场上买到了英国法学家威廉·布莱克斯通的《英国法律述评》一书，这让林肯十分兴奋，因为这是他读到的第一本法律书。

林肯与贝里合开的店铺最终破产了。后来，贝里又领了一张执照，同林肯又经营起了一个零售商店。这个零售店主要经营猪肉、烈酒、食盐、火药、枪支和皮毛等，但林肯对这些东西根本没兴趣，而且他觉得用烈性酒换取钱财是一件不够光明的事。

于是，在领到执照的几周后，林肯就把零售店的股份让给了贝里，然后又出去寻找新的工作。

1833年5月7日，林肯被聘请为纽萨勒姆的邮政局长。这是个并不重要的职位，整个邮局里也只有局长这么一个职员，全部的业务就是一周两次收发邮件。他的薪水不多，每年只有50美元。

尽管这不是什么美差，但林肯还是很乐意做这份事，因为每次马车运来的邮件中都有许多报纸。这对林肯来说是最具吸引力的，他可以尽情地"先睹为快"。这不仅大大开阔了他的眼界，也使他养成了从报纸上观察政治动向和研究问题的习惯。

有一次，林肯在一份《国会环球报》上，读到了华盛顿国会议员们的演说全文，对他们的精彩言论钦佩不已。他从心里暗暗发誓，以后也要作出与这些议员们水平相当的演说。

在邮局工作的这段日子是舒服惬意的。在工作之余，他孜孜不倦地攻读了一些大部头著作，如沃尔内的《帝国的覆灭》、吉本的《罗马帝国的衰亡史》、潘恩的哲学名著《理性时代》等等。然而这期间唯一让他烦心的事，就是债台高筑，他欠下了许多债务。

林肯当初在与贝里合开店铺时，钱都是向别人借来的。1835年1月，酗酒的贝里因醉酒猝死，这让他们之前欠下所有的债务都落在了林肯身上。借款共约1100美元，如果一分一分地攒，恐怕要10年、20年才能还清。所以，这笔债务也成为林肯长达14年的负担，甚至他的马和他后来做测量员所使用的测量工具，都在他离开纽萨勒姆时被公开拍卖。

林肯很喜欢邮局的工作，如果不是因为负债，他的生活简直舒服极了！但是邮局微薄的薪水实在让他入不敷出。

后来，林肯又在朋友的介绍下，应散加芒县测量员的邀请，担任测量员的助手。

这是一项技术性高、责任心强的工作，不容许有丝毫的马虎。林肯知道，要想做好测量工作，就必须懂得数学，于是他开始研读一些数学和测量学的专著，并且特意购买了指南针和测规等。

在工作之中，林肯经常虚心讨教，工作兢兢业业，一丝不苟，工作成效也比较显著，薪水总算勉强够糊口了。

林肯一边在邮局上班，一边做测量工作，还要不时地趁着空档打些其他的零工，而且还要抽空读书，每天忙得团团转，这让本来就瘦削的林肯更瘦了。

所幸的是，两个月后，林肯终于成为一名合格的测量师。

对于这份工作，林肯也很喜欢，因为每天可以在大自然中，不必每天为了讨好别人而生活，这也让他仿佛回到了小时候。他对生活充满希望，照这样工作下去，一定可以把债务还清的。

就在这个时候，林肯的身上还发生了一件喜事。

早在林肯刚刚来到纽萨勒姆时，房东洛特利基就邀请他加入辩论会。辩论会经常在洛特利基开设的客栈进行，林肯也因此结识了他们一家人中一位名叫安的姑娘。

安长得美丽娴静，经常静静地坐在一旁听林肯的演讲。她动人的倩影，深深地吸引着林肯的心。

随着与洛特利基一家的熟悉，林肯与安也成了很熟的朋友。高高瘦瘦的林肯，虽然外表算不上英俊，但他好学不倦的精神却让安很欣赏。

安是个含蓄的女孩子，不敢向林肯表示好感。而林肯也觉得自己不是女孩子心中的理想对象，况且安又是有钱人家的女儿，他高攀不起，因此一点也不敢心存与安交往的念想。

后来，在好朋友们的撮合下，洛特利基同意了两个人交往。这样，林肯与安就算是有了婚约。这实在是一件喜事。

（三）

1834年，距离上次州议员竞选已经两年了，这次又到了美国中期选举的时候。散加芒县民主党领导人、治安法官鲍林·格林向好友林肯表示，他与他的民主党同事都将全力支持林肯竞选州议员。林肯的好友，律师史都华也表示：

"州议员中不乏假公济私之辈，正需要你这样的人出来。"

因此，在当年4月19日的《散加芒报》上，便赫然刊登了州议员候选人之一林肯的名字。

这一年，作为美国民主党的反对党——辉格党成立。林肯不仅加入了辉格党，还成为当地辉格党中一位公认的少壮派。他还得到斯普林菲尔德的律师、县辉格党领导人约翰·托德·斯图尔特的支持。所以，林肯这次参加州议会选举与两年前的孤军奋战已经大不相同，他获得了两党领导人的支持，再加上测量员和邮政局长两份工作，林肯已经成为当地妇孺皆知的名人了。

这一次，林肯与上次参选一样，巡回各地举行竞选活动。有一天，正当林肯准备以自由党候选人的身份发表政见时，听见有人叹息着说：

"算了，这个党没什么理想的人，不听也罢！"

然而当林肯演讲完毕时，这个人却又高兴地大声说：

"太棒了！其他的候选人都比不上这个人！"

结果，在这次竞选中，林肯以第二高票当选为州议员。

一个乡下的测量师，居然能击败好几个地方上有背景的人，赢得了州议员的席位，实在令人刮目相看。这一年，林肯才25岁。

成为州议员后的林肯，仍然穿着那身旧得褪了色的外衣和打着补丁的裤子。但他要到州首府凡达利亚参加州议会，这身衣服是很丢人的。林肯只好红着脸向朋友借了200元钱，做了一身新衣服，并买了一双皮鞋。这也是林肯第一次穿上像样的衣服和新皮鞋。

12月1日，州议会开幕。在凡达利亚，林肯第一次见识了议案表决。自从1824年以来，两党政治就在总统选举和议会表决中你一拳我一脚地表现着各自的力量。林肯好奇地看着这两股力量的正面交锋，一个个崭新的议案被轮番提出、修改、通过或者否决，议员们也是七嘴八舌地大声争执着，谁也不让谁。

现在，林肯也成了这种力量中的一股激流。他的举手投足，都会对议案产生巨大的影响。因此，林肯慎重地思考着，想要以最为客观的态度得出最为恰当的结论。

在州议会期间，林肯给人的印象是"瘦骨嶙峋，皱纹满面，不修边幅几近粗鲁的程度"，可是他却另有某种"深得人心的气质和魅力"。

在凡达利亚的两个多月时间里，林肯与斯图尔特同住一室，每天一起商议各种议案。过完年后，州议会结束，林肯又回到了纽萨勒姆，继续当他的测量师，每天奔波于山地之间。这时纽萨勒姆邮务所已经迁往彼得斯堡，所以林肯也就不再投递邮件了。

在当上州议员，并与斯图尔特接触的这些日子里，林肯更加了解到法律的重要性，因此学习法律的意念也更加强烈，一有空就研读法律方面的书籍，遇到问题就去请教老朋友史都华。

同时，林肯还与恋人安约定，等自己做了律师之后，两个人就完婚。

然而，生活并不像林肯想象得那么顺利。这一年夏天，天气很热，不知为何竟然流行起疟疾来，死了很多人。安也不幸被传染，发着高烧。焦急的林肯请来了毕业于达特茅斯大学医学院的约翰·艾伦为安诊治，可是艾伦也没什么好办法让安的病情好转。

几个星期后的一天傍晚，安紧握着林肯的双手，黯然地闭上了双眼！

安的死，让林肯痛苦得几乎失去知觉。在安下葬那天，旁人对林肯说：

"请你跟安再说几句话吧！"

可是林肯悲痛地注视着安的坟墓，一句话也说不出来，满脸泪水……

此后的几个星期，也是林肯生平中最为凄惨的日子，他不想睡觉，不肯吃东西，总是喃喃自语，甚至难过得想要自杀。每当有暴风雨来袭时，他都会来到安的坟前，在安的坟墓上撑起一把伞。他对朋友说：

"一想到安的坟墓要被风吹雨打，我就受不了！"

（四）

这一年的12月7日，州议会又召开了一次特别会议，林肯重新振作起来，继续为更多不幸的人服务。这次会议共开了六周，讨论了139个提案，并把修筑17条铁路的特许证发给了伊利诺伊州的那些想看到火车和听到火车汽笛声的各个城镇。休会后，林肯又回到纽萨勒姆，继续搞测量，学法律，参加政治运动。

1836年6月13日，林肯再一次宣布，自己将参加新一届伊利诺伊州议会议员的竞选。8月1日的投票结果表明，在散加芒县17名州议员候选人中，林肯的得票最多，因此也再次当选为州议员。

在失去安的这些日子里，林肯开始用工作打发自己的所有时间，一心一意地扑在自己热爱的事业上，以此来忘记失去恋人的伤痛与烦恼。

此后不久，林肯就在伊利诺伊州最高法院两名法官的主持下，接受了他期待已久的律师业务考试。同年的9月9日，林肯终于如愿以偿地取得了在伊利诺伊州所有法院里开展律师业务的许可证。随后，林肯又与约翰·托德·斯图尔特合办了一家律师事务所。

在这年的10月至11月，林肯又做了三次土地测量工作，此后他便不再从事测量了。

1836年12月5日，伊利诺伊州第十届州议会开幕。在这次会议上，邓肯州长致开幕词，敦促州议会对"运河和全部铁路建筑工程"予以财政上的支持。

据此，新议员斯蒂文·阿·道格拉斯代表内陆交通建设委员会提出了一个募款1000万美元的提案。这时的林肯，已经是辉格党的议会领袖兼议会财政委员会主席了。他对道格拉斯提出的这项提案表示支持。最后，州议会以61票对25票的绝对多数通过了这项筹款法案。

后来，经过林肯及散加芒县同事的多方游说，州参众两院联席会议还以多数票通过了把伊利诺伊州首府从万德利安迁往斯普林菲尔德的决议。

这令斯普林菲尔德的市民们十分高兴，载歌载舞地欢庆州议会迁移州府法案的通过。然而真正实施这一法案，却是1839年的事了。

在这届州议会中，州众议院还收到了邓肯州长关于奴隶制争端的通知，州议会以77票对5票的绝对多数通过了关于国内奴隶制问题的决议案，即："极不赞成组织废奴协会"，"按照联邦宪法、各蓄奴州对奴隶的所有权是不容侵犯的……未经他们的同意，不能剥夺他们的这种权利。"

在这次投反对票的5名议员中，就有亚伯拉罕·林肯的一票。

其实，林肯一直都在关注黑奴问题，这一问题也是年轻的美利坚合众国的一块心病。在其成立之初，他们巧妙地避开了这一问题，但现在却必须要面对这个问题。

早在1831年初，激进的废奴主义者加里森就在其创刊的《解放者》报上向世界宣告：

"我要像真理一样铁面无私，像正义一样毫不妥协。……我是认真的，绝不含糊其辞，绝不借故推脱，我将寸步不让。我要让大家都听到！"

1833年，加里森还与西奥多·维尔德及塔潘兄弟等发起了"美国反奴隶制协会"。他们认为奴隶制是一种丑恶的制度，必须铲除，决不能与之妥协。这也令他们的信仰不断受到袭击，他们也不断被南部驱逐或关进监狱。

我们都知道，美国南部各州是以种植园经济为主的，盛产棉花、稻米、甘蔗、烟草等作物。黑人奴隶就在这片土地上为奴隶主默默劳作，用自己辛勤的血汗换来了南部经济的繁荣。也正因为南部经济对奴隶劳动的这种依赖，使得南部地区对废奴一事难以忍受。

由此，一场冲突便不可避免地爆发了。一方面是激进的废奴主义者声嘶力竭，煽动大众，涌起狂热的废奴行动；另一方面是南部蓄奴各州照样我行我素，不断到北部去抓捕逃奴，因为这些逃奴都被视为是奴隶主的私有财产。

1837年2月，伊利诺伊州议会为此召开了一次特别会议，集中讨论南部诸州提出的抗议北部鼓动反对奴隶制的一个提案。这次会议的报告指出，废奴运动将严重影响奴隶主的利益，而废奴组织也只会令奴隶制更加苛刻；废奴主义者主张铲除奴隶制的教义，也只会导致联邦分裂。

因此，在这个报告的基础上，一个新的决议案出台了：州议会不赞成组织废奴团体，不赞成宣传废奴教义。依照联邦宪法，蓄奴州对奴隶的所有权是神圣不可侵犯的，不经其同意，这种权利不能被剥夺。

这个决议案自然让林肯十分不满。在1837年3月6日州议会休会的前三天，林肯与另一位名叫丹·斯通的议员联名提出了一份书面抗议，就他们与该决议案的分歧提出了抗议理由，认为"奴隶制度是建立在非正义的错误政策之上的，但传播废奴主张只会加重而不会减少奴隶制度的罪恶"。也就是说，奴隶制尽管邪恶，但攻击这种邪恶也不太明智。

这时的林肯是十分理智的，他一方面谴责奴隶制，但却又不主张激进的废奴方式。他巧妙地采用了太极推手，以柔克刚。这也让林肯在很长一段时间内都处于一种胶着的状态。

在斯普林菲尔德，林肯还与欧文·拉夫贾伊成为一对患难的朋友。拉夫贾伊的哥哥曾是废奴主义者中的温和派，主张用非暴力的手段废除奴隶制，后来被暴徒枪杀。欧文·拉夫贾伊跪在哥哥的坟前发誓，绝不背弃哥哥为之献出生命的事业。在这种情况下，他与林肯相识了，并成为林肯终生不渝的"最忠实的朋友"。

在州议会休会之后，林肯又返回了纽萨勒姆村。

第六章　悲剧的婚姻

我们关心的，不是你是否失败了，而是你对失败能否无怨。

——林肯

（一）

1837年4月15日，在安去世的两年后，林肯背着简单的行囊，离开了纽萨勒姆，来到了初具城市规模、拥有1400名居民的斯普林菲尔德市，开始了新的生活。

在斯普林菲尔德，林肯看到农民赶着大车运送着玉米、小麦、土豆和其他蔬菜，身穿有褶子的绸衬衫的男人和满身绫罗绸缎的妇女乘着马车来来往往，……一派繁华热闹的景象。

林肯在一家百货店门前停了下来，他看到这里卖的一套单人被褥只需要17美元，真是物美价廉，很想买下来备用。可是他的口袋里仅有7美元，根本不够。

这让林肯有些为难，他想了想，然后直言不讳地对店主说：

"这个价钱倒挺便宜，可是我的钱不够。如果你肯让我赊账到圣诞节，我又能在这里顺利地开业当律师的话，到时我一定如数偿还。万一我运气不好，那就只好一辈子欠你的账了。"

店主名叫乔舒亚·斯皮德，是个很热心的人。他见林肯满身疲惫，听到他那忧伤凄怆的语调，不禁产生了恻隐之心。他对林肯说：

"没有关系，你拿去用好了。我想你可能还需要一个安身的地方，如果不嫌弃，我的二楼有一个房间和一张大的双人床，要是你愿意，尽可以与我同床。"

斯皮德的这一善意的举动让林肯惊喜不已，他高兴地说：

"啊！斯皮德，我真是太感动了！"

就这样，林肯在斯皮德那里住了下来，他们之间始终不渝的友谊就这样开始了。

林肯在斯皮德那里安顿下来后，就去找斯图尔特。斯图尔特见林肯来了，非常高兴地对他说："我将来要竞选国会议员。如果当选，我就不能再当律师了，而现在你来了正好可以与我合作，以后我就没有后顾之忧了。"

本来不知该从何开始创业的林肯，没想到一切都这么简单地解决了。不久以后，林肯便与斯图尔特一起开设了一家联合律师事务所。

由于事务所处于草创阶段，资金匮乏，一切设施都很简陋。而斯图尔特每天又忙于竞选国会议员，所以律师事务所的工作大多由林肯来处理。在负责办理诉讼案件的空隙时间，林肯仍然保持着与选民们的广泛接触，争取他们在政治上的支持。

1838年，林肯在斯普林菲尔德的青年学会发表了一篇题为《永葆美国政治制度之青春》的演说，阐述了一些十分重要的思想精髓，表达了他对美国未来、人身自由和个人义务的热爱。它们像种子一样，在他的心中萌芽生长，极大地影响着他的成长。

在这次演说中，林肯向年轻一代的听众指出：

不管什么时候，听任一小撮歹徒滋事生非，听任他们烧毁教堂，抢劫仓库，破坏印刷机，枪杀编辑，随心所欲地吊死或烧死他们所讨厌的人，听任他们逍遥法外，那我就可以断言，这个政府必定短命。

林肯呼吁大家积极行动起来，保卫革命先驱者用生命所赢得的权利，不让这一权利受到侵犯。同时，在这篇演讲中，林肯还极力主张容许自由辩论，他不怕得罪南部主张奴隶制的权贵们，要求给废奴主义者提供辩论的机会和场所。

这也是林肯29岁时所持政治观点的倾情直露，他演说的内容简洁精辟、扣人心弦，言近而旨远。

1838年的夏天，林肯再一次参加了州议员的竞选。8月6日，投票结果显示，林肯在17名候选人中名列榜首。同年的12月，州议会在万德利安举行时，辉格党人提名林肯为州众议院议长候选人。但由于竞争对手太强，林肯落选了，此后便担任了州议会中辉格党的领袖。

1839年3月4日，州议会休会，林肯从万德利安返回斯普林菲尔德，重操他的律师旧业。

那时，林肯见民主党人实现的代表大会提名制很有成效，于是在1839年12月，林肯帮助组织了州辉格党第一次代表大会。

这次大会是在斯普林菲尔德举行的，会议提名为伊利诺伊州五个总统选举人之一和州辉格党中央委员会委员。大会提名俄亥俄州前国会众议员、参议员威廉·亨利·哈里逊为美国总统的候选人，而林肯则在这次大会上被选为州辉格党中央委员会委员。

也是在1839年这一年，有一名女子来到斯普林菲尔德，不但开始追求林肯，还决意与他结婚。这名女子就是玛丽·托德。

（二）

玛丽·托德家世显赫，她的祖上曾经出过将军和州长，父辈中有一位后来还做过海军部长。她的父亲罗伯特·史密斯·托德曾担任过肯塔基州参议两院的议员，做了20年肯塔基州列克星敦银行的总裁。

当时，玛丽小姐刚刚21岁，体态丰满，性格活跃，善于交际。她毕业于培养"上流妇女"的学校，会讲一口流利的法语。也正因为这样，她举止高傲，目中无人，甚至有些自信心过度膨胀。由于在家中与继母相处不好，便离家出走，跑到斯普林菲尔德的姐姐伊丽莎白家居住。

伊丽莎白·托德·爱德华兹的丈夫尼尼安·沃·爱德华兹是散加芒县九个辉格党议员之一，与林肯过从甚密，因此林肯便有机会认识了玛丽·托德。

自从结识了玛丽小姐，林肯就被她的风采和妩媚吸引住了，于是就经常造访她。

林肯常常凝望着玛丽小姐，仿佛她的身上有一种无法抗拒的力量吸引着他。当两个人在一起相处时，玛丽的姐姐伊丽莎白经常会走到他们身边。她发现林肯总是默然无语，所以感到林肯无法与玛丽这样高贵的女人谈天。她提醒妹妹，林肯与她的差别太大，不仅在体型上，就是举止、教养、性格和气质都不一样，而且他还来自社会的最底层，他们根本就不门当户对。

玛丽小姐根本不理会姐姐的唠叨，天性好强的她正在寻找通往总统夫人的道路。所以她理直气壮地反驳姐姐说，林肯很有前途，是她所接触的人中"最中意的对象"。

不得不承认，玛丽·托德是个很有眼光的女人，她真没看错人，日后的林肯真的让她如愿以偿地登上了总统夫人的位置。

1840年，林肯与玛丽小姐认识一年后，订了婚。

订婚后不久，玛丽·托德就想改造林肯。因为林肯在热天从来不穿上衣，通常只穿一条背带吊着的裤子。如果纽扣掉了，他就削一根木钉把衣服缀起来。而且，他还喜欢在帽子里塞上一些乱七八糟的东西。

林肯这些粗俗的穿戴让玛丽很生气，她经常拿林肯与自己的父亲作比较。在家里时，每天早晨，她都能看到父亲在列克星敦街上行走，手执金杖，穿着蓝色细绒布上衣及白麻布裤子，脚套长靴，一副气度超群的绅士派头。而一看到现在林肯的穿着，她就忍无可忍，大小姐的脾气也逐渐暴露出来。她总是向林肯唠叨个不停，劝林肯多注意自己的形象，不要把自己弄得那么邋遢。有时还会当着别人的面数落林肯，让林肯尴尬不已。

本来林肯已经很厌烦玛丽的唠叨了，再加上玛丽不分场合地指责他，让林肯渐渐失去了对玛丽的爱意。他开始觉得，他们两人之间有很多地方都格格不入，如果两个人就这样结婚生活在一起，不知道要爆发多少次家庭战争呢！

林肯开始重新思考自己与玛丽的关系，最终，林肯决定鼓起勇气告诉玛丽，他们应该解除婚约。

经过再三的犹豫后，林肯最后决定用笔将自己的想法写出来。他告诉玛丽，经过仔细考虑后，他发现自己爱她并不充分，所以不能与她结婚。

林肯请求自己的老朋友斯皮德帮他去送信，可斯皮德告诉林肯，如果他真的是个男子汉，就应该亲自前往，当面向玛丽说清楚。并且嘱咐林肯：说完就走，不要逗留。

林肯听了斯皮德的劝说，亲自来到玛丽家中，告诉她，他不再爱她，所以不能与她结婚。这个消息让玛丽痛苦万分，她放声大哭，骂林肯是个骗子。

林肯被玛丽的举动吓得不知所措，他最害怕的就是女人的眼泪。最后，他们情不自禁地拥抱在一起，残酷的分手也变成了一次情意绵绵的意外约会。

1841年1月1日，天气格外晴朗，阳光分外灿烂。这一天，斯普林菲尔德最有前途的辉格党领袖林肯的婚礼正在举行。玛丽·托德穿上婚纱，梳妆打扮完毕，坐在家中幸福地等待新郎林肯前来迎娶她。

然而直到夜幕降临，该来的客人都来了，唯独新郎林肯没来。寻找的人找遍了斯普林菲尔德的大街小巷，也不见他的踪影。

客人们都陆续告别离去了，玛丽小姐痛哭着跑到自己的房间，扯掉婚纱，扑倒在床，羞愤而绝望。

直到第二天黎明，林肯才被发现呆坐在自己的事务所内，有些语无伦次。也许是为了挽回玛丽的颜面，爱德华兹向众人宣布，林肯已经精神失常了，所以才没有按约定来迎娶玛丽。

其实，林肯的内心十分痛苦挣扎。他是个言出必行的人，而这次却食言了，他在最后关头选择逃婚，并由此令玛丽蒙羞。他一直在感情与理智的激流中挣扎，理智告诉他，他必须兑现承诺；但感情又告诉他，他无法容忍玛丽·托德的暴躁脾气。两种思维在林肯脑中纠缠，令他感到极度压抑，精神甚至濒临崩溃。

在逃婚后的第三周，林肯收到了斯皮德的一封信。在回信中，林肯这样描述自己的心情：

> 我现在是这个世界上活着的最不幸的人。假如将我所感受的平均分给全人类，那么地球上再也找不到一张笑脸……要我保持现状

是不可能的。在我看来，我不是选择死亡，就是要把自己的精神控制好。

可见，这场婚礼带给林肯的痛苦是不言而喻的。

不久后，玛丽·托德的姐姐伊丽莎白写了一封信给林肯，说玛丽为了保持自己的体面而又使林肯安心，表示准许他解除婚约。解除婚约时，玛丽表示，只要林肯愿意，随时都可以与她再次订婚。

然而林肯再也不想见到玛丽·托德了，他只希望她快点把自己忘掉，然后改嫁别人。可是玛丽·托德却始终不肯。这主要与她的面子和自尊心有关，她决定要对她自己和那些轻蔑或怜悯她的人们证明，她是能够并且一定会与亚伯拉罕·林肯结婚的。

但林肯已下定决心不与她结婚了，所以他很快就向另一位女子求婚了。她叫萨拉·李卡德。可是，萨拉却毫不犹豫地拒绝了林肯，因为他们的年龄相差太大，她只有16岁，而林肯已经32岁了。他迫切地想要结婚，只要不是玛丽·托德，其他谁都可以。

（三）

那时，林肯在给当地的《桑加芒报》写社论。主编西蒙·法兰西斯是林肯的朋友，同时也是他政治上的支持者。法兰西斯的妻子经常爱管别人的闲事。

有一天，法兰西斯夫人邀请林肯到家中做客。他不知道，同时受邀的还有玛丽·托德小姐。于是冤家路窄，他们又相遇了。

在法兰西斯夫人的好言相劝下，林肯又产生了与玛丽结婚的想法。但对未来的婚姻生活还是缺乏信心，于是林肯就给老朋友斯皮德写信寻寻求帮助。

此时斯皮德刚刚结婚不久，正与妻子在一个农场幸福地生活着。他告诉林肯，婚姻生活比他想象的要快乐得多。这让林肯无法逃避了，只好硬着头皮再次向玛丽求婚。

玛丽·托德终于等到了挽回颜面的这一天。虽然她很清楚，林肯与她结婚并不是出于完全自愿，但不管怎样，她成功了。

1842年11月4日下午，林肯第二次向玛丽求婚了，迫不及待的玛丽晚上就要与林肯举行婚礼。这个速度快得让林肯感到震惊！

由于时间紧迫，一切都没有准备。玛丽找人匆匆忙忙地做了个大蛋糕，蛋糕上的奶油还没冷却就被推出了厨房。

而林肯则在房间里匆忙地穿上新衣服，擦着皮鞋。邻居家的小儿子以为他要外出，好奇地问他去哪里。林肯脱口而出：

"我想是到地狱去。"

想到婚后的恐惧，林肯甚至有些颤抖。他脸色苍白地出现在婚礼上，看上去简直就是去屠宰场一样。

婚礼终于举行完了，林肯与他的新婚妻子玛丽·托德住进了简陋的环球旅馆。从此，林肯烦恼的婚姻生活正式开始了。

林肯夫妇在环球旅馆只住了一年便搬进了新家。新住宅距离斯普林菲尔德市中心只有几条街。

玛丽既然成了林肯太太，她就要夺回自己的尊严。于是，她更加不停歇地抱怨林肯衣冠不整、容貌欠佳，他的手太大，他的腿太长。有一次，盛怒的玛丽甚至当着其他客人的面将一杯热咖啡泼了林肯脸上，而林肯对此则一声不吭、一动不动。

时深日久，玛丽的坏脾气也越来越严重，她经常大吵大闹，对生活不满，对林肯抱怨指责。林肯的朋友都为他难过。他几乎就没有家庭生活，也不邀请朋友到家里去。他自己也会尽量避开玛丽，晚上徘徊在事务所与律师们闲聊，或是待在外面给大家讲故事。

有时，深更半夜，林肯会独自在外面徘徊，头低垂在胸前，一副忧伤的样子。有时他会说："我不想回家。"他的朋友明白其中的缘故，就经常把他带到自己的家中过夜。

1843年8月1日，他们的第一个儿子出生了，取名罗伯特·托德。

婚后，随着社会地位的上升，再加上妻子玛丽的不断"改造"，林肯也逐渐开始注意修饰自己了。他会经常穿着礼服，在洁白的衬衫领口上打着黑绸蝴蝶的领结，鬓角蓄到齐耳的四分之三处。

但是，人们还是认为他的外表欠佳：头发蓬松，裤脚下垂到踝骨上方，背心也是皱巴巴的。

在家里时，林肯经常自己动手做家务：劈柴、生炉子、挤牛奶、刷马毛。他个头高大，在与人谈话时也常常俯首垂耳，身朝前倾，给人一种亲切、谦和感。因此，他的家庭生活虽然没什么乐趣，但他在工作上却赢得了很多人的信赖和支持。

第七章　贫困的律师

人生最美好的东西，就是他同别人的友谊。

——林肯

（一）

斯普林菲尔德有11个律师，但他们不能全部在那里谋生，因此，他们常常会骑着马从一个乡镇转到另一个乡镇，或者跟随大卫·戴维斯走遍第八司法管理区中许多不同的地方出席法庭。林肯也是这其中的一员。

由于工作关系，别的律师总是设法在每个周末赶回到斯普林菲尔德，与家人共度周末，唯独林肯不愿意这样。因为他很害怕回家，所以总是在春季的三个月，以及秋季的三个月中一个人逗留在外面巡回，住在乡下的旅馆中，不愿意回到斯普林菲尔德。

年复一年，林肯都是这样。尽管乡下旅馆的条件很差，住着也极不舒服，但他还是甘愿忍受，不愿回去面对夫人玛丽不断的唠叨和暴躁的脾气。

在家中时，玛丽每天都是抱怨不休，而且十分容易嫉妒。有一位妇人曾与林肯家人一同住了两年。她说：有一天晚上，林肯正躺在走廊里读书,恰好有客人来。没等仆人去开门,林肯就跳起身来,穿着衬衫走过去开门,然后将客人引入客厅中,并说他愿意带这些妇女们在家中观赏一番。

玛丽在隔壁的房间看到这几个妇女走进来,又听到丈夫这样开玩笑后,便大发雷霆,狠狠地说一定要让他好看。而林肯却高兴地溜出了屋外,直到夜深人静时才回来,而且是偷偷地从后门溜进来的。

玛丽对林肯的好友斯皮德一点好感都没有,认为是他当初唆使林肯逃婚的,因此很讨厌斯皮德。在结婚前,林肯在给斯皮德写信时,都会习惯性地在结尾问候他的妻子:"献爱于芳妮。"然而结婚后,玛丽要求他只能写"问候斯皮德夫人"。

林肯是个从不忘记恩情的人,这也是他显著特性中的一点。以前斯皮德曾经帮助过他,所以为了表示对好友的感谢,在他们的第一个孩子出生时,他希望取名为约书亚·斯皮德·林肯。但玛丽听到这个名字后,大为愤怒,她认为应该由她来给孩子取名才行。

玛丽还经常因为花园中没有花草树木而抱怨,于是林肯就在花园中种了一些玫瑰花。但他一点也不关心这些花花草草,不久这些花就因为失去照料而枯死了。即使后来玛丽催促他弄一个花园,结果花园中也长满了杂草。

虽然林肯对这些花草没什么兴趣,但他喂养了一匹白马,并经常为白马刷洗。他还喂养了一头奶牛,经常亲自挤奶。可是这些也会被玛丽责骂,认为他不讲卫生,很邋遢。

在全斯普林菲尔德,没有比玛丽·林肯更加节俭的主妇了,但她在炫耀的事情上却十分奢侈。

当林肯一家还是三餐不足时,玛丽就买了一辆车,而且还请邻居家的男孩子为她驾驶车子,到城里四处去拜访朋友,一个下午就付给车夫两角五分钱。其实她完全可以步行或者雇一辆车。玛丽却不肯，认为那样是有失颜面的。

此外，玛丽根本不顾家里的贫困状况，总是设法筹钱购买一些林肯根本买不起的昂贵衣服和首饰。

1844年，林肯一家花了1500美元买下了查理·德利赛牧师的住宅，那位牧师曾在两年前为他们举行过婚礼。

这栋住宅木质结构，里面有客厅、厨房、卧室，外面还有外屋、柴堆和谷仓等。

刚开始时，玛丽觉得新房子就像一个乐园，因为比起他们刚结婚时住的旅馆简直好多了。但不久以后，她又开始感到不满了，不断地指责这所房子的缺点。她的姐姐住在一栋两层的大楼里，而这所房子却只有一层半的高度。有一次，玛丽甚至对林肯说，任何一个有出息的人，都决不会住在这种一层半高的房子里。

通常玛丽在向林肯要求任何东西时，林肯从不过问，但这一次林肯却表示反对：家里人口少，这个房子足够住了；而且他还是个穷光蛋，根本没有余钱买大房子。他们结婚时，他只有500块钱，后来一直也没有增加积蓄。

无奈之下，林肯只好找人来估价，建造一所新房子要花多少钱。林肯其实是想告诉玛丽，建造一所新房的价钱是十分昂贵的，是他们现在这个家庭负担不起的。玛丽听完估价后，也显得愕然失措。林肯以为，这件烦恼的事已经过去了。

然而林肯太乐观了，因为在他下次巡回结束返回家中时，玛丽已经自己请了一个木匠，做了较低的估价，将房子重新建造了一番。

当林肯再次回到斯普林菲尔德，走到第八街时，他几乎认不出自己的房子了。恰好在这时遇见了一位朋友，林肯就半开玩笑半认真地询问：

"对不起，您能告诉我林肯先生的家住在哪里吗？"

林肯做律师的收入本来就不多，常常很拮据的。现在，一回到家中，就要多付一笔很大且根本没必要的账款，这令他十分烦恼。

每当这种时候，玛丽都会抱怨林肯太穷，挣的钱太少，还不会理财，收费太少。甚至在1853年，林肯已经44岁了，再过8年就进入白宫时，他在麦克林巡回法庭处理了4个案件，总共才收了30块钱。

林肯做律师的收入，与玛丽的经济要求完全不在一个层次上。

（二）

林肯认为，很多顾客都与他一样贫困，所以他在为他们做辩护时，不忍心向他们多收钱。

有一次，林肯为一个有1万元财产的精神失常女子辩护，让她免于遭受一个骗子的勒索。在短短的15分钟内，林肯就胜诉了。

一个小时后，林肯的同事雷蒙走过来，要与林肯平分250元的手续费。林肯声色俱厉地斥责了雷蒙，认为他不应该这样做。雷蒙抗议说，这笔手续费是事先就说好的，而且那个女子的哥哥也同意要支付的。

"可能吧"，林肯反驳道，"但我不愿意这样做。那笔钱是来自一名又穷又疯的女子，与其让我向她要钱，还不如让我饿死。你至少要退还这笔钱的一半，否则我是一分都不会拿的。"

还有一次，一位养老金的经办人向一名革命军军人的寡妇以办理申请养老金为由，勒索其养老金的半数——400元。那个寡妇年迈体衰，又十分困苦，于是林肯便叫她提出诉讼，并为她辩护。

最终辩护胜诉，林肯没有收一分钱的手续费。不但如此，林肯还自己掏腰包为她付了住旅馆的钱，并给她买了一张车票，送她回家。

有一天，阿姆斯登的一个寡妇遇到问题找到林肯。原来，她的儿子德夫被人控告酗酒闹事，还谋害了一个名叫密加的年轻人。她央求林肯救救她的孩子。

早在纽萨勒姆，林肯就认识阿姆斯登一家。虽然阿姆斯登家的人都很暴躁，不友好，但林肯还是很爱他们。所以，林肯爽快地就答应了这个寡妇的要求。

林肯经过调查，发现密加的死是因为与一个名叫查理斯的男子为一名女子争风吃醋，查理斯对密加怀恨在心，便杀死了密加，然后将罪名嫁祸给与此案毫不相干的德夫。

开庭这天，很多人都来旁听，林肯也出现在陪审团的面前，并且做了一场他一生中最为动人肺腑的辩护。

查理斯被传上庭后，站在法官面前陈述密加被杀死时，他所看到的情形。

林肯在一旁默默地听着，最后，他站起来说：

"这个案子发生在晚上的11点半，你说因为当晚是满月，你看清了凶手的脸。可据我调查，当晚并不是满月；而且在11点半时，月亮已经隐没。在那样漆黑的夜晚，你怎么能看得清是德夫做的呢？"

查理斯一听，立刻脸色大变，他的谎言一下子就被揭穿了。

"我最讨厌欺骗和不正当的行为，我是诚实与正义的朋友，我要尽力消灭这个社会上的欺骗事件！"林肯最后这样说。

这虽然仅仅是一个普通的乡下案子，但林肯却仍然努力维持着公正与正义。最终，法庭宣判德夫无罪释放。

辩护胜利后，这位守寡的母亲想把自己仅有的40英亩土地送给林肯，作为林肯为他们辩护的报酬。可林肯拒绝了，他说：

"多年前我因为贫困而无家可归时，您收留了我，还供我吃饭，给我补衣服，所以，我现在决定一分钱都不收您的。"

有时，林肯在请求当事人庭外和解时，也不收他们的手续费。有一次，他甚至拒绝向某人起诉，因为他"真是不忍心这么做，他又穷，又是个跛子"。

诸如此类的事情，都充分显示了林肯的仁慈与对贫苦人们的体恤，但这也令他的收入越来越少，换来的也只有玛丽的谩骂与吵闹。

（三）

在为别人辩护时，林肯总是能够落落大方、侃侃而谈，即便官司要输掉了，他也能急中生智，临时想办法挽救。

有一次，林肯与一个很有名的代理人相遇。在法庭上，这个代理人分析起来头头是道，陪审团已经明显地倾向于他了。林肯也显得有些紧张，两条长腿在桌子底下不停地抖动着。

突然，林肯从审判桌上抢过一份报纸，就急着冲出了审判室，好像有什么紧急的事一样。他的行为有些滑稽，因此立刻就引起了哄堂大笑，就连法官都被他逗乐了。当然，那个代理人的强势气场也被打破了，他的辩护也开始变得缺乏底气。

林肯的父亲托马斯居住的县里，住着一位来自肯塔基州的名叫罗伯特·马森的人。他是个奴隶主，拥有一些奴隶。每当农忙的时候，他就把这些奴隶带到这里，忙完农活后再把他们送回肯塔基州。在这些奴隶当中，有一个黑白混血的女奴，名叫简·布莱扬，她的丈夫名叫安东尼·布莱扬。

有一年秋天，简与马森的管家吵了一架，管家威胁要将简和她的丈夫、孩子立刻遣回肯塔基，然后把他们卖到南部奴隶制猖獗的地方去。一旦到了那里，那简直就是水深火热的地狱了。

安东尼因此惶惶不安，便跑到附近的一个酒馆，与那里的老板和拉瑟夫医生陈述他的遭遇。拉瑟夫医生是个很具有正义感的人，他让安东尼赶紧回去，把简和孩子们一起带过来。

事情发生后，马森匆忙带人来到酒店，要带回安东尼一家。当时，反奴隶制的人已经聚集一堂，正等着这个刻薄的奴隶主呢。大家义愤填膺，拒绝了马森的请求。

马森很生气，就将安东尼一家送进了牢房。

当时，伊利诺伊州有一条法律，允许将不服从管教的黑人出售。于是，第一次审讯此案的治安法官费克林称自己没有审判权，只好将这些黑人交给执法官扣留，直到登广告卖掉为止，赚来的钱用以偿还他们坐牢期间的开支。

于是，这几个黑奴就被关押起来了，而且一关就是两个月。

马森还对拉瑟夫提出起诉，状告他鼓动奴隶闹事，令自己损失了2500美元。因此，他要求拉瑟夫赔偿自己的损失。

这时，林肯正好巡回到这里，马森便找到林肯帮忙。拉瑟夫知道林肯是个很有正义感的人，而且一直憎恨奴隶制，所以相信林肯一定会站到自己这边。于是，他也找到林肯，让他帮助自己打赢这场官司。

可是，林肯这时已经受聘于马森了，现在要反过来帮助拉瑟夫辩护，就必须同马森解约才行。

拉瑟夫一听林肯要为马森辩护，十分生气，瞪了林肯一眼就转身走了。林肯看着拉瑟夫的背影，才觉得自己的做法的确不妥。于是，他试着说服了马森与他解约，然后马上跑到拉瑟夫家中，表示自己愿意为拉瑟夫辩护。

但是，拉瑟夫只是失望地对林肯摆摆手，说自己已经找到其他的律师做辩护了。

林肯没办法，只好再次出面为马森诉讼。但是，林肯此时已经没有太多的心思做辩护了。在法庭上，他的语言虚弱无力，表情痛苦，不知不觉中，他已经向对方妥协了，最终他输掉了这场诉讼。

这件事让林肯大受震动，他并不是在乎自己输掉了官司，而是自己对奴隶和奴隶主的态度。当时他在答应为马森做辩护时，并没有考虑太多。那时他所想到的是自己是个律师，而没想到自己同时也属于一个政治家，因此忽视了马森的身份。

当林肯看到拉瑟夫因为他为马森辩护而愤怒地离去时，他才意识到自己的错误，因此在法庭上他也难以放开自己，不能像往常一样慷慨激昂。可能，他也正在以这种方式向拉瑟夫和那些黑奴表示歉意，同时也间接地帮助他们赢得了这场官司。

官司结束后，林肯差不多是灰溜溜地回到斯普林菲尔德的。

一位夫人强烈地要求林肯授予她的儿子上校军衔。"先生，"她对林肯说，"我祖父在列克星敦打过仗，父亲在新奥尔良打过仗，丈夫则是在蒙特雷阵亡的。"林肯说："夫人，我想，你们一家为国家已经做够了贡献，现在该给别人一个机会了。"

第八章　进入国会

世界上极需这种人才，他们在任何情况下都能克服种种阻力完成任务。

——林肯

（一）

结婚后，林肯便不再竞选州议员了，而是专心从事律师工作。很多人都认为，林肯会这样生活一辈子。

事实上，林肯另有抱负。他越是了解民众，抱负就越大。他认为，想要改善社会，就必须了解人民的希望，将民众的事情当成自己的事情来做。

林肯经常与周围的人开玩笑说：如果哪一天有人说林肯不想当国会议员，那他一定搞错了。这不仅因为妻子玛丽总是对林肯抱有极高的期望，就是林肯本人也希望自己能够在事业上取得进一步的成就。

1846年，林肯37岁的这一年，正逢国会议员选举。

美国的国会分为参议院和众议院，两院的议员都由每州投票选出。参议员的名额每州限定为两名，众议员的名额则依据州人口的多少来定。

众议员代表人民，而参议员代表州。也就是说，众议院的意见和立法必须经过参议院的审核和决定。

在举行众议员选举时，玛丽对林肯说：

"亚伯，你不要一直待在伊利诺伊，而应该到国会去闯一闯，你一定可以当选的！"

玛丽认为，凭借林肯的能力，他不应该只局限在伊利诺伊州。同时在她心底深处，也一直希望自己能够当个国会议员的夫人，可以在社交界一展身手。

林肯原本并没有此意，但现在他对整个国家的兴趣已经超过了对一个州的兴趣。所以经过慎重考虑后，他决心竞选国会议员。

这一年的5月1日，自由党人提名林肯为国会议员候选人。这一次，林肯的竞争对手是民主党人彼得·卡特莱特牧师。他曾经在1832年击败林肯，当选为伊利诺伊州的议员。这一次，他们又见面了。

为了能够击败林肯，卡特莱特的手下开始到处散播流言，制造舆论，说林肯曾公开嘲笑基督教，甚至还讲过"耶稣是私生子"这样的话，指责林肯对信仰有偏见。

为此，林肯散发了一份传单。在传单中，他对自己的宗教观作了一次最全面、最具体的阐述。他在传单中特别写道：

> 我不属于任何基督教教会，这是事实，但我从未否认过《圣经》的真理，从未有意说过不尊重宗教的话，更没有冒犯过任何基督教派……我认为我不会去支持一个公共敌视或嘲笑宗教的人进入官场。撇开他和上帝之间的那种永生不灭，报应循环的大道理不讲，我只感到任何人都无权去伤害他可能生活在其中的公众的感情

与伦理。所以，假如我果真犯了这一条，那我决不会去怨恨由此而谴责我的人。但不管是什么人，只要他对我捏造罪名，散布流言蜚语，那我就要毫不客气地谴责他。

一直以来，林肯都坚守着自己亘古不变的信条，那就是：不到迫不得已，他一定会站在大众的这一边，尊重他们，至少不冒犯他们。

有一次，林肯还专门去聆听了卡特莱特牧师的布道。过了一会儿，牧师叫道：

"那些愿意把心献给上帝的人，那些想进天堂的人，请站起来。"

一些人听完牧师的话，站了起来。

接着，牧师又叫道：

"所有那些不愿下地狱的人，请站起来。"

这一次，除了林肯之外，所有人都站了起来。

于是，卡特莱特牧师开始说话了：

"林肯先生对上天堂与下地狱都没有作出反应，那么请问，林肯先生您想到哪里去呢？"

林肯没想到卡特莱特牧师会点名问自己，于是站了起来，说：

"我认为对待宗教上的问题应该严肃。我承认，卡特莱特牧师对我提出的问题是很重要的，但我并不认为我要像其他人一样做出回答，卡特莱特牧师直截了当地问我要到哪里去。我愿意用同样坦率的话来回答：我要到国会去。"

在场的人全体哗然。

当时，辉格党的朋友们借给林肯200美元作为他竞选国会众议员的竞选费。然而在整个竞选期间，林肯仅仅花了75美分，尚余199.25美元，随后他将这些钱悉数还给了朋友们。

竞选结果表明，林肯获得6340票，他的民主党对手彼得·卡特莱特获得4829票，而另一名废奴主义者的候选人沃尔科特只得了249票。

林肯成功地当选上了国会议员，然而他在写信给老朋友斯皮德时却说：

"虽然我很感谢朋友们使我当选了，但我觉得被选入国会并不像自己所期望的那样高兴。"

但是，林肯的竞选成功却令他的夫人玛丽·林肯欣喜若狂。她兴奋地订制了一套漂亮的晚礼服，并重新温习法语，随时准备着在上流社会崭露头角。

在给林肯的信中，玛丽一改以往鄙夷的语气，尊称林肯为"敬爱的林肯大人"。但林肯却根本不吃她这一套，很快就喝止了她。

（二）

林肯在国会的任期要从1847年12月才开始，在就任之前，他还继续经营他的律师事务所，到处审理案件。也正是因为四处行走，林肯和这里最基层的人民和各种拓荒者都有过广泛的接触，足迹遍及周围的15个县。每次街上的人们看到他的身影，都会窃窃私语道：

"这就是新当选的国会众议员林肯。"

1847年12月2日，林肯一家乘坐马车和火车抵达了华盛顿。在这里，林肯将以一个众议员的身份为美利坚合众国出谋划策。

当时的华盛顿居住着大约4万人，其中有8000多名自由黑人和2000多名黑人奴隶。这里既有富丽堂皇的私邸，也有贫民窟，猪、鸡、牛、羊在大街小巷到处跑。衣衫褴褛的黑人奴隶驾着运送各种产品的马车来来往往，街上还经常能看到成群的已被卖出或将被拍卖的黑人奴隶被链子锁着沿街走过。

在国会大厦的附近，林肯还看到一所监狱。他称这里"活像是一座黑人马房"，因为拘押在这里的黑人"完全像马群一样"，是要被赶到南部去的。

当林肯在华盛顿宣誓就职时，美国早已与墨西哥交战20多个月了。在美国与墨西哥之间，有一块叫德克萨斯的土地，人烟稀少，墨西哥一直认为这块土地是自己的。但在1845年，美国却将它编入了美国版图。

墨西哥政府对此非常震怒，遂于第二年发动了战事。美国方面则由提拉将军率兵迎战，并大获全胜。

"哇！这么大的一块土地都是我们的了！"美国人民都很高兴。

事实上，这完全是一场不太体面的侵略战，是由国会中一些主张蓄奴的人有计划地闹出来的，目的是为了让国家多取得一些蓄奴的地域，并多选举一些赞成蓄奴制度的议员出来。

林肯到华盛顿就职后，就对美国与墨西哥的这一战事持否定态度，与其中的少数众议员不同意美国这么做。刚刚上任不久的林肯在众议院为辉格党几天前的投票辩护时声明：

"总统发动对墨西哥的战争是没有必要和违反宪法的。"

同时林肯还声称：上帝居然忘记保护弱小无辜的人民，竟允许这些强悍的杀人者和地狱里上来的魔鬼尽情杀戮，使得正直人的土地荒芜且遭受浩劫。

林肯的讲话在国会并没有引起什么太大的震动，但却在他的家乡伊利诺伊州掀起了巨大的波澜。紧接着，无耻、卑鄙、懦弱、叛徒等等恶意的称呼被加在了林肯头上，他们认为林肯给予伊利诺伊州的人民以严重的耻辱，他们为此愤怒不已。林肯一下子便失去了伊利诺伊州选民对他的支持。

为什么人们不同意对的意见？林肯开始感到失望。

（三）

1848年2月，美国与墨西哥的战争以签订一项条约而宣告结束：新墨西哥和加利福尼亚割让给美国，同时美国答应为所获的领土付给墨西哥1500万美元。

这时，林肯因为要执行辉格党"公平合理轮换"的政策，决定不再参加国会众议员的竞选，他被派往自由土地党人势力咄咄逼人的新英格兰地区去演讲。

经过三天的旅程，林肯来到了马萨诸塞州的伍斯特，并在这里发表演说。林肯说，辉格党总统候选人泰勒是一个"可以把国家利益、原则和繁荣可靠地托付给他的恰当的人选"；而自由土地党的政纲总的说来就像北方小贩叫卖的裤子，"大得可给任何大人穿，小得可给任何小孩穿"。

在选举到来之前，林肯到伊利诺伊州的十多个城镇作讲演，为辉格党候选人泰勒尽力拉票。他一再警告选民，投自由土地党的票可能会让目前的局势变得更糟糕。

在谈到美国向外扩张要求更多的领土时，林肯引用了一个农场主关于土地的话：

"我并不是贪得无厌，我只想得到与我的土地相连接的那些地盘。"

最终的选举结果出来后，泰勒大获全胜。俄亥俄州选了6名自由土地党人为国会议员，其余各州共选了6名自由土地党人的国会议员。从此，国会议员们就奴隶问题争论得更加激烈了。

在参议员会议上，林肯建议除从蓄奴州来的政府官员带来暂住的"必需的仆人"奴隶以外，不允许再将新的黑人奴隶带进哥伦比亚特区来居住。

此外，林肯还建议，从1850年1月1日起，凡是奴隶所生的孩子都应获得自由，都应由其母亲的奴隶主对其给予合理的抚养和教育。他提议，应由总统、国务卿和财政部长组成一个委员会来确定奴隶主"可能愿意予以解放"的奴隶的价值。

此后，关于奴隶问题的争吵愈演愈烈了，辉格党、自由土地党与民主党之间每天大吵大闹，激烈交锋，但林肯却保持了沉默。他开始感到，时局已经越来越难以把握了。同时他也深刻地意识到，奴隶制的废除将会给美国带来新的、巨大的震荡。

虽然来到了国会，但林肯在这里的政治生活并不理想，而他又失去了伊利诺伊州人民的支持。所以在任期届满后，为了不回去面对怨恨的选民，林肯想继续留在华盛顿找份工作。

于是，他开始活动要弄个地政局局长的位子坐坐，可是失败了。

然后，他又尝试竞选俄勒冈边境的州长，也希望在这一州加入联邦时能当上第一届参议院议员，然而又失败了。

无奈之下，1848年冬天，林肯又回到了斯普林菲尔德，在那里他开始重操律师旧业。

玛丽·林肯本来是打算在社交界一展身手的，结果现在她的美梦全部破灭了，所以又开始对林肯抱怨不休。但林肯却暗自庆幸：

"再也没有比当个乡下律师更惬意的了！"

回到斯普林菲尔德后，林肯一家就住在一个小旅馆里。每天晚上，林肯总是点上一根蜡烛放在床头的一把椅子上，再将他长长的大脚搁在椅背上，然后就以这样的姿势读书，直到凌晨。

　　从这段时间开始，直到去世，林肯最为显著的特征，就是那深刻而又无法以笔墨形容的忧伤形象。甚至有时在街上走着，他也会因为太消沉而忽略在路上遇见或向他打招呼的熟人。

　　熟知林肯的人们都知道，他那无尽的忧伤是有两个原因的：他的不幸的婚姻和他在政治上的失败。

第九章　罪恶的黑奴制度

给别人自由和维护自己的自由，两者同样是崇高的事业。

——林肯

（一）

林肯在去国会任职的那一年，他和玛丽生了第二个男孩。现在，孩子们正是最可爱的时候，所以林肯在工作之余，便是带着两个孩子到森林中去玩。

但是，玛丽却希望孩子们都像绅士一样，不要太顽皮。玛丽的一些衣着华丽的朋友经常来拜访，他们往往会遇到只穿一件衬衫，在院子里和孩子们玩耍的林肯。

"我们是在运动。"林肯这样解释，可玛丽却觉得很丢脸。

随着岁月的流逝，林肯与玛丽的思想差距也越来越大。林肯一回到家，要么就默默地看书，要么就逗孩子们玩，此外很少能听到他的声音。

然而不幸的是，老二爱德华突然因病夭折了！

这让林肯十分悲痛，本来消瘦的脸更加凹陷了。

两年后，老三威廉出生。又过了两年，老四汤姆斯也降临到这个家庭。这时候的林肯，愁眉才稍微舒展开一些。

也许是爱上了律师的工作，也许是爱上了自己的儿子们，总之，有那么几年的时间，林肯几乎淡忘了政治上的事。

但是，他那忧郁的面孔却一直没有改变。因为在他的内心深处，还有一个深刻的问题存在着：奴隶问题。

林肯认为，既然同样都是人，就应该享有同样平等的自由。但现在黑人被当成了奴隶，每天像牲畜一般被驱使。为什么在以平等自由为建国精神的美国，会允许这样的事情存在？

但是，反对者也不是没有任何理由的，因为如果没有奴隶，棉花的产量就会降低，美国就会成为贫穷的国家，

当然，南方的奴隶主们还以他们那一套冠冕堂皇的理论来为这种现象辩护：

"对于黑人们来说，难道这样的生活不比流浪更好吗？"

为了避免直接提到臭名昭著的"奴隶制度"的字眼，这些奴隶主还"亲切"地称之为"我们的制度"。在这些奴隶主看来，"奴隶们的自由是令人费解的麻烦事"。如果奴隶们获得了自由，世界也会为之崩溃。

而且，根据当时美国的宪法，是不是要废除奴隶制必须由各个州自行决定。废止奴隶制的州称为自由州，继续存在奴隶制的州被称为奴隶州。自由州多在北方，奴隶州则集中在农场较多的南部。

这样一来，也的确出现了很多麻烦，黑奴们为了获得自由，就会设法逃到自由州去。但站在农场主人的角度来说，黑人是他们花钱买来的，属于他们的财产，当然不甘心平白无故地损失。所以，他们对自由州的做法感到很气愤。这样的结果，导致了州与州之间经常出现矛盾。

而南方各州与北方各州的对立，其实也就等于是民主党与自由党之间的对立。

林肯对奴隶主们的谬论大为不解：没有黑人的艰辛劳作，美利坚合众国怎么能有今天的繁荣？

就拿棉花来说，黑人种植、收获了棉花，而这些成果却被当做原料源源不断地输送到英国的工厂。没有黑人的劳作，那些道貌岸然的大爷们在英国怎么保持"体面"的生活？那些满口仁义道德的奴隶主们，哪个会起早贪黑地在炎炎烈日下种植麦子？……

让林肯更不解的是，这些黑人奴隶对于自己被奴役的命运没有愤怒、没有怨言，而是安安静静地接受这种命运。他们每日辛勤劳作所换来的，是比白人小姐、太太们佩戴的项链更为"精致"的锁链。为何这些黑人会如此心安理得地被压迫、被剥削、被奴役？

带着诸多的疑问，林肯决定到现实生活中看一看黑人的生活。

（二）

在平原之上，低矮破旧的黏土茅舍一间挨一间，屋内空荡荡的。门前的小火炉旁，上了年纪的女奴们正在用破旧的锅煮着玉米糊糊。林肯觉得，这与奴隶主们吹嘘的供给奴隶的"美味佳肴"显然有着天壤之别。

走到乡间后，在炙热阳光的无情照射下，大多数用锁链拴着的黑奴都赤裸着上身在挥汗如雨地劳作。他们每天必须要干足14个小时。即便是在风雪交加的寒冷冬天，每天至少也要干上10个小时。即便如此，他们的劳动强度仍然满足不了奴隶主的胃口。

为了得到更多的"剩余价值"，代表奴隶主们行使权力的监工可谓是"尽职尽责"。挥动着长鞭的监工，不时地大声吆喝或谩骂着。一旦哪个奴隶稍微有些松懈，得到的就是监工们的一顿毒打。在人群当中，随时都会传来被毒打的黑奴们痛苦凄惨的叫声。

在日暮时分，熬过了一个白天的劳作后的黑奴，会带着沉重的锁链，排着队，拖着疲惫不堪的身体收工。然而在回到住地前，黑奴们还要接受监工们肉体上的再次洗礼。他们必须站成一个半圆，冷酷的监工阴森森地喊着几个黑奴的名字，命令他们到体罚场上来，接受再次的惩罚。因为这几个奴隶白天劳作时触犯了奴隶主立下的诸多规矩。

监工抽打奴隶的技术也是十分"了得"的，他们会将奴隶打得皮开肉绽，痛苦难忍，但却又不会伤及他们的骨头，以保证第二天这些奴隶依然可以照常劳作。

经过这样一番暴风雨的折磨后，黑奴们才被允许回到各自的茅屋。他们一个个神情木然，表情呆滞。如果说生活中还有什么是他们所期待的，可能只有那盛在破锅中的玉米糊糊了。

黑奴的一切都是被奴隶主所控制和支配的，包括生与死。如果哪个不堪忍受折磨的黑奴想要逃脱，那将是一件十分冒险的事。因为奴隶主们养着一批专门抓捕奴隶的爪牙，他们会像围捕野兽一样将逃跑的黑奴围起来，再将他逼到无路可退的地方，让他饱受痛苦折磨之后，再将其杀掉。

林肯在阅读一本哲学著作后，曾经就有关逻辑学的内容写下了这样一个著名的推理，并将奴隶问题引入了这个思路当中：

"既然甲确证他有权奴役乙，那么乙就不能抓住同一论据证明他也可以奴役甲吗？你说因为甲是白人而乙是黑人，那么也就是根据肤色了。难道肤色浅的人就有权去奴役肤色深的人吗？那你可要当心。因为按照这个逻辑，你就要成为你所碰到的第一个肤色比你更白的人的奴隶。你说你的意思不完全是指肤色吗？那么你指的是白人在智力上比黑人优异，所以有权去奴役他人吗？这你可又要当心。因为按照这个逻辑，你就要成为你所碰到的第一个智力比你更优异的人的奴隶。你说这是个利益问题，只要你能谋取你的利益，你就有权去奴役他人。那么好吧，如果别人也能谋取他的利益，他也就有权奴役你了。"

这段话巧妙地折射出了白人与黑人之间那种不平等的奴役与被奴役的关系是极其不合理的。林肯是要告诉每一个白人：你无权奴役任何黑人。同时，他也在告诉每个黑人：你不应该被白人所奴役。

因此，林肯对拍卖奴隶的行为更是厉声诅咒。林肯的好朋友比尔·格林回忆说：

"在他驾驶平底船去了一趟新奥尔良后，只要有人提起黑人的事，他就会变得表情十分严肃，随后便给你描述在新奥尔良看到的奴隶主拍卖奴隶的情景，以及奴隶主怎样拍卖一户黑人之家的。他们把丈夫卖给一个种植场主，把妻子卖给另一个种植场主，孩子则分别卖给出价最高的买主。他觉得这可恶至极。一谈起这种拍卖，他就感到恶心，并且一个劲地厉声诅咒，深恶痛绝。我听他说过，他宁可一辈子照管锯木房，也不愿去拍卖奴隶；他宁可一个人独自经营整个农场，也不去买黑人的孩子，把他们从父母身边夺过来。除了谈起那次拍卖黑奴的事之外，我从未听他骂人诅咒过！"

也正因为具有这种强烈的"黑奴情结"，林肯后来才成为美国历史上解放黑奴的巨人。

（三）

1850年，林肯虽然身在斯普林菲尔德，但却非常关注首都华盛顿一年之中所出现的政治动乱和险恶局势。因此，他还大量阅读《国会环球报》以及其他报刊读物等，时刻都在感受着时代的弦音。

当时，美国辉格党的创始人，曾任国会议员、国务卿的亨利·克莱（1777—1852），一直都在鼓吹南北调和妥协。他还在1850年1月提出了一项"综合法案"，这项法案又被称为"大妥协案"。经过修改，这一法案于该年9月由美国国会以一系列单个法案的形式通过。

"综合法案"规定：准许加利福尼亚作为自由州加入联邦；新墨西哥和犹他两地将成为准州，即成为美国联邦政府统治下的具有有限自治权力、但尚未取得州一级资格的属地，有关奴隶制是否禁止由这两个准州自行决定；德克萨斯倘若放弃对新墨西哥边界领土的要求，并将它的其他边界也固定下来，则拨款予以补偿；哥伦比亚特区的奴隶买卖应予取缔，但鉴于哥伦比亚特区的土地是由马里兰州划归联邦政府的，所以只要马里兰州坚持，特区的奴隶制就应继续保留。

此外，这一法案还通过了新的逃亡奴隶法，即：奴隶主有权前往北方各州追捕从南方逃亡过来的奴隶，认领奴隶的所有权问题不由陪审团裁定，而是由一名经过授权的联邦官员判决。如果判决有利于黑人，该官员可得5美元的报酬；如判决有利于奴隶主，则可以收取10美元的报酬。

同时还规定：凡协助黑人外逃的人，都要处以罚款和监禁。

亨利·克莱认为，南北两方只有互相妥协，互相让步，联邦才能得救。

然而历史事实证明，1850年美国通过的"大妥协案"并没有消除两种社会制度之间的尖锐矛盾。4年之后，即1854年，南北斗争终于在堪萨斯准州发展成为大规模的武装冲突。当时，堪萨斯准州正式组成，一些骑马的武装分子从蓄奴的密苏里州越境冲入堪萨斯准州，与来自新英格兰的废奴主义者展开激烈的战斗，以争夺对堪萨斯准州的政治控制权。

　　在当时的情况下，美国第十四任总统富兰克林·皮尔斯（1853—1857）不准许联邦进行干预，因此，堪萨斯准州通过居民投票后成为蓄奴州，政治冲突也逐渐演变成为内部冲突，从而成为美国内战的序幕。

　　在国会就亨利·克莱提出的"大妥协案"进行最激烈的争论之时，南方的领导人曾发出恐吓，称他们要将驻扎在具有争议的新墨西哥领土上的联邦军队赶走。

　　这种威胁性的挑战激怒里扎卡里·泰勒总统。泰勒对"大妥协案"根本不屑一顾，如果不是因为他在当年的7月9日突然病逝了，那么这个法案很可能就会遭到否决。因此，丹尼尔·韦伯斯特认为，是泰勒的死造成了1850年内战的爆发。

　　同样都是美国人，为什么即将走到互相残杀的地步？

　　南北两方的人，彼此都在严厉地指责对方。

　　这也让林肯的困扰愈来愈深了！

　　不巧的是，林肯所属的自由党由于一直没有得力的领袖，终于在这个时候濒临解散。

　　1854年，原来的一些自由党的重要人士重新组织了共和党，林肯就在这个时候加入了这个新党。

　　而共和党用来对抗民主党的，就是奴隶问题。对于这个问题有着深刻了解的林肯，不久以后成为该党的领导人之一。一直在乡下生活的林肯，终于再一次站了起来，为正义和自由开始艰苦的征战了！

南北战争期间，林肯到陆军司令部视察，总司令麦克列兰避而不见。林肯无奈，只好到他家里去，碰巧麦克列兰去参加一个婚礼没回来。林肯就在他家等了一个多小时，麦克列兰才回来。然而他对林肯却不理不睬，径直上楼去了。又过了半小时，仆人传下话来说将军太累了，已经上床睡觉了。林肯的手下气得火冒三丈，准备把麦克列兰揪下来，林肯却劝解道："只要他能为我打赢仗，我甘愿为他牵马。"

第十章　力挫道格拉斯

确信无法突破的时候，首先要选择的是等待。

——林肯

（一）

在1840年"大妥协案"通过之时，华盛顿市内礼炮轰鸣，群众欢快地举行盛大的游行，以庆祝该法案的通过。因为脱离联邦和随之可能发生的国内战争已经被制止，人们觉得此后可以高枕无忧了。两年之后，林肯在谈到这次和平时还曾经说过：

"国家安然地度过了种种险境，它现在是自由、繁荣、强大的。"

1852年6月，制定"综合法案"的亨利·克莱去世了。斯普林菲尔德的所有店铺都关门致哀，参加追悼的人列队前往州众议院大厅。

在众议院大厅中，林肯追述了亨利·克莱漫长的一生，概述了亨利·克莱是如何用自己的稳健和智慧，在联邦眼看就要分裂之时，几次保住了联邦统一的经历。他引用克莱的话说：

"把非洲的儿女归还非洲，这是合乎道德的想法，因为他们的祖先是被人用欺骗和暴力的手段残酷地从非洲抢来的。当他们在一个异国生活了一段时间之后，他们将把宗教、文化、法律和自由等丰硕的成果带回到自己的故乡去。"

同亨利·克莱一样，林肯也将希望寄托在把那些被奴隶制当做私人财产的奴隶买过来，然后再将他们送回到非洲去。他们两人都责怪那些欢迎联邦分离的激进的废奴主义者，但也同样谴责那些将奴隶制奉为天经地义，并为保持这种制度而准备脱离联邦的南部傲慢的奴隶主。

到1852年，林肯担任辉格党的领袖已经20年了，差不多与伊利诺伊州所有活跃的辉格党地方领导人都握过手。从林肯在1852年竞选运动中的七次演讲来看，他似乎只是本党中的一个听话的党员，只对候选人略加评论，而不谈论任何重大的问题。

事实上，林肯已经觉察到了国内人口的激增和政治气候的剧变。在短短10年内，从海外来的移民高达260万人，其中有一年就来了40万人。

造成美国人口急剧增长的原因很多，但主要原因有两个：

一是1848年欧洲爆发了一场声势浩大的资产阶级民主革命，这场革命遍及欧洲几乎所有的国家。革命的目的，是消灭封建制度和异族压迫，建立独立统一的国家。然而这场革命最终被反动派镇压下去，于是就开始了疯狂而残酷的白色恐怖时期。所以，欧洲各国参加革命的群众纷纷移居美国，以保平安。

二是1848年1月在加利福尼亚的科罗马发现了大金矿，致使全美及全球各地来的人流都纷纷涌去"淘金"。"淘金热"也使美国人口出现了爆炸性的增长。

曾是野兔和地鼠出没的草原上，现在出现了许许多多的小镇。随后，小镇又扩展成为城市，城市又发展成为大都会。一个充满青春活力、在动荡中飞速发展的美国，正在向着一个不可预知的未来世界挺进。

而政治气候方面的剧变，起因则是日益激化的奴隶制争端。

1854年，一个名叫安东尼·伯恩斯的奴隶逃亡案件震撼了整个美国。其实在当时，一些戏剧性的奴隶逃亡事件在全美已经是司空见惯的事了，然而为了抓捕这个从弗吉尼亚州的一家种植场逃出，后来又潜藏在一艘开往波士顿货船上的奴隶，联邦政府居然动用了大批的军警，耗资多达4万余美元，从而成为从未有过的大案件。

当这个倒霉的黑人奴隶最后被抓获，并被重兵骑警押上驶往弗吉尼亚的一艘轮船上时，整个波士顿城的店铺都关门了，所有门窗也都挂上了黑纱，街道两旁排满了哀悼的人群。

正是在这样一类爆炸性事件以及日益激化的奴隶制争端当中，斯蒂文·阿·道格拉斯成为北方民主党当中引人注目的主要领袖之一。

（二）

道格拉斯出生于1813年，是个野心勃勃的人，曾任伊利诺伊州国会参议员长达15年之久（1847—1861），并一贯主张向奴隶主妥协。民主党内的一批少壮派还想捧他做1852年的总统候选人。

1854年初，道格拉斯在国会提出了著名的《堪萨斯—内布拉斯加法案》，使之获得通过并成为法律。根据这一法案的规定，各准州政府可以决定其在辖区范围内允许或禁止蓄奴，中央议会对这一点不能加以干涉。

然而，这一被称为"人民主权论"的政策事实上也等于彻底废除了亨利·克莱于1820年提出的解决南北地区性分歧的美国第一个妥协案——《密苏里妥协案》，这将必然会使奴隶制度蔓延到北方诸州。

道格拉斯的话引起了北部的一片骂声，谴责他是"一个出卖自己人格的无耻之徒"。因此，北部反法案派在道格拉斯提出法案的第二天便发表了《致独立民主派的呼吁书》。他们称，该法案为奴隶主的阴谋，而且违反了《密苏里妥协案》和《1850年妥协案》。林肯也指责道格拉斯所提出的这一法案，其实是为了笼络南方各州的选民来推举他为民主党的总统候选人。

恰好在这个时候，斯托夫人的著名小说《汤姆叔叔的小屋》出版了。它用活生生的事实告诉人们，在美国的南方，奴隶的家庭经常被粗暴地拆散，奴隶们像商品一样被出售，常常被弄得妻离子散。

这部小说打动了人们的心，对于美国历史发展的进程也产生了极其深刻的影响，特别是对美国人民反对奴隶制度的斗争起到了重大的推动作用。而对于南方的奴隶主集团来说，这部小说算得上是一个沉重的打击。

一场深重的社会危机出现了，由谁来对道格拉斯的倒行逆施行径提出批评，以顺应历史发展的趋势、力挽狂澜呢？

林肯45岁以前在全国范围内并没有多大的声望。而此前又因为他对波尔克总统发动的墨西哥战争进行了直言不讳的指责，再次削弱了自己在伊利诺伊州的影响。然而，道格拉斯提出的《堪萨斯—内布拉斯加法案》却给林肯造就了一个有利的时机，令林肯自此得以一鸣惊人，脱颖而出。

这时，玛丽极力地鼓动林肯，甚至使用激将法：

"亚伯拉罕，这个道格拉斯太猖狂了，简直就是出尔反尔，为了自己当总统，竟然干出这种无耻的事情来！"

"我看那个道格拉斯的实力根本不如你，如果你现在是国会议员，肯定能揭穿他的阴谋，让他不能得逞！"

玛丽的话让林肯感受到了一种神圣的历史使命，并且也让林肯意识到自己的能量，产生了一种"舍我其谁"的政治激情。

那天晚上，林肯长久地坐在壁炉旁边，旺盛的炉火灼烤着他那颗剧烈跳动的心。他在思索很久后，用一种极其深沉的声音问玛丽：

"你说，一个国家一半是奴隶制，另一半是自由制，它能够长存下去吗？"

自信心旺盛的道格拉斯，此时依然固执地到各地开展演讲活动，到处发表演说，宣扬他的主张。

1854年10月3日，当他到斯普林菲尔德市时，连续演说了三个小时，不断地抨击别人，为自己辩护。他还矢口否认自己立法制定某个地域可以蓄奴，或某个地域不可蓄奴等事，并强调应该由当地的人们按照他们自己的意愿来决定有关蓄奴的任何问题。

"当然了，"他大声地喊道，"如果堪萨斯和内布拉斯加的人民有办法治理自己，他们也必能管理少数的黑奴。"

演讲结束后，道格拉斯的支持者们发出雷鸣般的掌声和欢呼声，而反对《堪萨斯—内布拉斯加法案》的人们则有些沉不住气了。

林肯坐在前排的附近，仔细地听着道格拉斯嘴里冒出来的每一个字，并且斟酌着他身边的每一个议论。当道格拉斯演讲完毕，林肯走到了大厅的出口处，然后朝着向外涌动的人群宣布：

"请明天下午两点到这里来，我明天要剥下他的皮并挂在篱笆上面！"

（三）

第二天下午两点整，林肯准时出场了。这一次，他做了有生以来最伟大的演说。

在林肯演讲过程中，群众不断爆发出经久不息的掌声和喝彩声。他慷慨激昂地演讲了三个小时，将蓄奴的历史深刻地检讨了一番，并举出五点理由来反对这种不合理的制度。他认为宣布《密苏里妥协案》作废是错误的，"错就错在它带来了让奴隶制进入堪萨斯和内布拉斯加这个直接后果，错就错在它让奴隶制扩展到广阔天地的每一个角落"。

"我痛恨这个意想不到的结局，"林肯愤怒地说，"是因为奴隶制本身极其不公正。我痛恨它，是因为它使我们的共和国失去了在世界上的公正影响，使自由制度的敌人能够骂我们伪善。"

"使自由的真正朋友怀疑我们的诚意，"然后他在自己的感情与《独立宣言》之间牵了一条线，"尤其是因为它促使我们自己当中有那么多好人公开反对公民自由这一最基本的原则，批评《独立宣言》，硬说是只有私利，没有其他正确合理的行为原则。"

但是，林肯也觉得现行的奴隶制度不知该怎么办才好：

"当南方的人民向我们声明，他们正如我们一样，对于奴隶制度的建立是不应负责的，我只能承认这个事实。若说这一制度现今的存在，实在是不知该如何圆满地废除它，我也能够明了并赞同这个说法。我决不会因他们做不了一件连我本身都不知道如何去做的事来非难他们。即使这世上所有的权利都属于我，我还是不知该如何处理这种制度。"

演讲到最后，林肯以极其有力的声音向大众呼喊：

"你可以废除《密苏里妥协案》，废除一切妥协案，废除《独立宣言》，废除过去的全部历史，但你废除不了人的本性！"

林肯的演讲持续了三个多小时，台下的道格拉斯听得不断颤抖，因为林肯的发言让他感受到了一种强劲的力量。他不时地故意打断林肯向他发问，但林肯总是不紧不慢、细致周到地回答他的每一个问题，然后重新开始他那生动有力的演讲。

这场演讲让道格拉斯如坐针毡，难受极了。但他还不甘落后，继续四处演讲，对人们说：

"林肯先生明目张胆地鼓吹一次地区之间的战争，一次北部反对南部、自由州反对蓄奴州的战争，这将是一次毁灭性的战争，它将无情地继续下去，直到不是这一方就是那一方被征服，直到所有的州都成为自由州或蓄奴州为止。"

为了驳斥道格拉斯的观点，林肯写信向道格拉斯挑战，要求辩论，道格拉斯接受了。于是，他们两人准备在全州七个不同地区的城市讲台上对垒，在各种问题上进行较量。

对于他们的辩论，整个伊利诺伊州都在注视着，整个美国也都在倾听着。林肯和道格拉斯每换一个地方，听众也不断地跟着增多。

最终，道格拉斯在这场大辩论中被击败了。

林肯的机会来了，因为接下来就是选举，此时道格拉斯的民主党已经失去了民心，这是一个绝好的机会。如果能进入国会参议院，那简直是太好了。而且此时的林肯也已45岁，年纪不算小了。

当林肯的名字一被提出来时，便立刻获得了通过，现在他已经成为参议员的候选人了。他的对手是谢尔兹和特伦布尔·李曼。谢尔兹是道格拉斯的忠诚追随者，取胜的希望并不大；特伦布尔是从康涅狄格州到伊利诺伊州开办律师业务的，是个民主党人，但他现在因为内布拉斯加问题而反对道格拉斯。林肯觉得，自己的胜算还是颇高的。

1855年2月8日，选举开始了。第一轮的投票结果表明，林肯是有希望的，以44票对谢尔兹的52票和特伦布尔的5票。这个结果也表明了林肯的实力。

然而接下来，形势却急转而下，林肯的选票一轮比一轮少。到第十轮投票结果揭晓后，特伦布尔当选了。

这次失败让林肯感到了一种前所未有的忧郁。他再一次回到律师事务所，坐在黄昏的阴暗之中，低垂着头，沉思默想……

事实上，林肯此时不仅在为自己的落选而苦闷，而且对整个国家的现状感到茫然和困惑。奴隶制问题已经给国家造成了严重的混乱，全国上下动荡不安，林肯很想找到解决的办法。

一周后，林肯再一次走过一望无际的草原，从一个乡间法庭赶向另一个法庭。只是，他的心已经不在法庭上。如今除了政治之外，他不再谈其他任何事。他说，每逢想起有几万人沦为奴隶，他就心痛。

（四）

1857年，又发生了一件事。

密苏里州一个名叫德雷特·司各脱的黑人，原来是个奴隶，后来在别人的帮助下，接受了教育，并成为一名医生。于是，他上诉要求获得自由。

然而，法院的判决却是：

"黑人不是美国的公民，法院无法接办此案。依照美国的法律，奴隶是主人的财产，法院无法维护其自由。"

德雷特再次向美国最高法院提出申诉，结果仍旧一样。

这件事虽然是德雷特一个人的事，但影响却十分严重。因为最高法院都认为黑人没有自由，那么这项判决如果正确的话，也表明黑人如果逃到自由州去，主人一样可以把他抓回来。这对美国的黑人来说，简直是一点保障都没有。

这一判决让南方各州很满意，但主张解放奴隶的人却感到很遗憾。当这一判决公布时，北方人民简直就是义愤填膺。

1857年6月，道格拉斯为最高法院的这一判决书进行了辩护。他煞有介事地断言，《独立宣言》的签署者"在宣称一切人生来平等时，指的只是白种人，没有指非洲人。他们说的是美国大陆上的英国居民，同生在英国并住在英国本土的英国居民是平等的。"

林肯正为德雷特的事件愤怒不已，他认为解放奴隶不只是拯救可怜的黑人，也是为了维护美国的自由精神。因此在道格拉斯发表演说之后，林肯针对道格拉斯的谬论，给予了严厉的驳斥。

1858年，林肯49岁这一年，参议员的选举又开始了。

6月16日，伊利诺伊州共和党大会在斯普林菲尔德举行。大会一致通过了一项决议：

"亚伯拉罕·林肯是伊利诺伊州共和党人为国会参议院选出的第一位、也是唯一一位参议员候选人，他将接替斯蒂文·阿·道格拉斯的参议员席位。"

当天晚上，林肯在州众议会大厅发表了他一生当中最为出色的演说之一。

林肯在演说中说道：

如果我们能首先了解我们的处境和趋向，那么我们就能更好地判断我们应该做些什么，以及怎样去做。自从开始执行一项有着公开宣布的目标和充满信心的诺言政策以来，迄今已是第五个年头了。这项政策旨在结束由于奴隶制问题而引起的动荡不安，可是在贯彻这项政策的过程中，动荡不仅没有停止，反而愈演愈烈。在我看来，不到危机临头和危机过去之后，动荡是不会停止的。'一幢裂开了的房子是站不住的'，我相信这个政府不能永远保持半奴隶和半自由的状态。我不期望联邦解散，我不期望房子崩塌，但我的确期望它停止分裂。要么全面实施奴隶制，要么全面自由化，非此即彼。或者让那些反对奴隶制的人制止这种制度继续蔓延下去，并让广大民众相信奴隶制将消亡下去；或者让那些鼓吹奴隶制的人全面得势，使奴隶制在全联邦确立合法地位，不管是新州旧州，也不分地域南北。

林肯的演讲浅显易懂，即使是不识字的农民也可以清楚地理解他的意思。许多报纸都全文刊登了林肯的演说，但人们最感兴趣的，还是林肯的演说以"裂开了的房子"对国家制度所做的比喻。很快，这一说法就迅速远播四方。

也许是林肯慷慨正义的演说发挥了作用，支持林肯的人越来越多。

特伦布尔首先站出来表示支持林肯，那个著名的逃亡黑奴德雷特也特意赶到伊利诺伊州声援林肯，还有一位激烈的德裔美国改革家，也曾在一个外籍投票者面前控诉道格拉斯；而亲共和党的报纸更是以骇人听闻的标题称道格拉斯是"一个伪造者"。

11月2日，参议员的投票竞选正式开始了。最终林肯如愿以偿，以总票数12.5万票超过了道格拉斯的12.1万票。尽管这一次林肯获得的票数稍多于他的对手，但他的对手却赢得了更多县的支持，这也使道格拉斯在州议会中获得了54%的选票支持，林肯再一次败下阵来。

"这是我的声望不够，但很感谢大家的帮忙！"

林肯说完，拿起帽子，消失在雨中……

虽然林肯在竞选上被道格拉斯几次击败，但他的演说却从此更加深入人心。过去一直反对废止奴隶制度的人，也渐渐转而支持林肯了。尤其是开垦区的农民，对林肯的演说印象极其深刻。"裂开的房子是站不住的"，成为农民们奉行的真理。

林肯再一次回到了他的律师事务所，但很快他就没有时间再为这次失败而沮丧了，因为他已经一贫如洗，不得不借点钱来解决全家的肚子问题。长久以来，他都一直在开销而没有进账，现在他不得不举债度日。

于是，他又重新驾着那辆破旧的马车，在草原上的法庭间开始巡回"旅行"。

第十一章　总统竞选

为了赢得胜利，也许你不得不干一些自己不想干的事。

——林肯

（一）

选举失败后，林肯又开始继续他的律师工作。有一天，在布明顿办完事后，林肯在回客栈的路上遇到了当地一个名叫杰斯·费尔的名人。

费尔拉住林肯，对他说：

"我正有事要找你呢。"

然后，费尔郑重其事地告诉对林肯说：

"不久以前，我到过东部很多地方，没想到到处都有人在议论你，这让我很惊讶。你知道，道格拉斯很有奋战精神，这也让大家对你更加有好感。像你这样的人，竞选总统一定是没有问题的。怎么样，下次竞选你是不是考虑试试看？当然，你还必须坚持你在奴隶问题方面的立场。"

费尔的话让林肯大吃一惊。

"这是不是太开玩笑了？虽然伊利诺伊州的人都认识我，但其他州却根本不知道我这个人。我相信共和党中一定有更加杰出的人物，说什么也轮不到我这个乡下律师竞选总统呀！"

"不，林肯，你太不了解自己了。虽然你过去一直在乡下，但你出来竞选总统绝不会输给别人。现在，美国群众对政治界的名人多半都不抱什么指望，他们不在乎你是不是乡下律师，他们需要的是一个有信念的人站出来领导他们。而你，就是一个坚守信念的人。只要你认为对的，就会不顾一切地勇往直前。而且，你在艰苦的环境中长大，最能了解民众的痛苦。你就试试吧！

"现在，美国到处都在搞分裂，只有在政治界中未曾有过恩怨的人，才能担当重任。我观察了很久，认为你是最理想的候选人。"

费尔诚挚而认真地鼓励林肯。

林肯沉思了良久，然后望着费尔说：

"谢谢你费尔！听到你的这一席话，我更加了解我的演说被接受的程度了，我也更加有信心了。"

林肯微笑着告别了费尔。

就在林肯继续做律师的时候，全国各地的各种演讲邀请也如雪花般飞到伊利诺伊州，让林肯应接不暇。

随着他作为一名演说家和思想家的地位越来越高，林肯在为人处世方面也变得更加稳妥，思想也变得先进而不激进。在去伊利诺伊州、印第安纳州、俄亥俄州、堪萨斯州等地旅行演说过程中，林肯广泛地了解了各种政治潜流及公众情绪，也会晤了一些即将参加1860年共和党全国代表大会的代表。

1859年9月，林肯在俄亥俄州哥伦布市发表演说，指出威胁联邦的唯一因素是奴隶制的不断扩展。在哥伦布市演讲的第二天，林肯又在辛辛那提宣称：

"我们必须防止奴隶制的扩展，我们必须防止非洲奴隶贸易的死灰复燃，同时阻止国会颁布准许州奴隶法。"

1860年2月，林肯受邀到纽约去做演讲。

为了解决奴隶问题，林肯可谓不放过任何机会，但这次是在美国第一大都市纽约进行演讲，令他不免有些紧张。

当林肯抵达库巴协会时，发现大厅中已经挤满了前来听他演讲的人们。因为此时的林肯在人们的眼中就是一个解决奴隶问题的斗士，大家都很想看看这个人到底什么样，他的演讲到底有多精彩。

然而当林肯站上讲台时，许多人开始感到失望了。因为讲台上的林肯又瘦又高，穿着一件满是褶子的黑呢西服，完全像一个农夫，而且还有些紧张。

林肯清了清嗓子，开始演讲了。起初他的语速缓慢，用字造句也十分平常，没有任何吸引人的地方。这对一些听惯了政治演说的人来讲，实在没什么新奇之处。

然而随着演讲逐渐深入主题，林肯的情绪也渐渐高涨起来，他那低沉的声音似乎具有了某种魔力，听众慢慢地都被吸引住了。而且，听众们也觉得林肯对当前的奴隶制争端有着独特的见解，对激起公愤的原因也剖析得细致入微，他的讲词也是深入浅出，娓娓道来，每一句话都在打动着听众的心。

在演讲中，林肯驳斥了将共和党说成为"地方性"小政党的诬蔑，认为那只是南方竭力要使奴隶制不断扩展的产物。他明确地宣布，共和党人既不是激进的，也不是革命的，而是继承了那些制定宪法的"先辈们"优秀传统的人。

但是，"我并不是说我们非要盲目地遵照我们先辈的所作所为，不敢越雷池一步，那样会排斥现代经验的成果，会故步自封，拒绝一切进步和改良了"。

　　针对有些人扬言说他们"不能容忍选举一名共和党人做总统"，好像共和党人当了总统，就会毁灭联邦一样。"到那时，你们会把毁灭联邦的滔天罪行硬栽在我们头上！这实在是无耻至极。这就仿佛拦路抢劫的强盗用手枪对准我的脑门，恶狠狠地说：'站住，留下买路钱！不然我就宰了你，你还逃不脱杀人的罪名！'"

　　这时，听众都屏息静气，全场鸦雀无声，人们都被林肯高超的演讲技巧深深地吸引住了。激动的人们逐渐围到林肯面前，围成一堵密实的人墙，黑压压的一大片。

　　接着，林肯又继续阐述那些造成南北隔阂分裂的症结所在，并且深刻地分析了它的历史渊源。他说：

　　　　他们（指南方奴隶主们）认为奴隶制是正确的，而我们却认为它是错误的。这就是一切争论的根本症结。既然他们认为奴隶制是正确的，也就不能责怪他们提出承认奴隶制的要求了；而既然我们认为它完全错误，我们就不能让步，不能放弃自己的观点去投票赞成他们。

　　林肯进一步指出，如果想要在正确与错误之间寻求折中，那简直就像"找个不死不活的人那样徒劳无益"。

　　林肯最后号召：

　　"让我们坚信正义就是力量，让我们怀着这个信念勇挑重担，坚持正义、百折不挠！"

　　会场顿时一派沸腾，人们尽情欢呼，叫声和掌声震撼如雷。听众们都纷纷拥上前去，争着与林肯握手拥抱。原来那些想要阻止他演说的人，现在也都改变了态度。

林肯的这次演讲十分成功，过去那些主张解放奴隶的人只知道南方的人不太讲理，但他们却不知道隐藏在这些问题背后的真理。现在林肯告诉他们，废止奴隶制度，是为了争取人类的平等与自由，也是为了全美国的统一。

听众们对林肯崇高的理想和强烈的信念极为感动。

"我们就应该选这样的人当总统。"当晚，许多人都这样想。

（二）

1860年6月，民主党全国代表大会在巴尔的摩召开。会议的结果是民主党内部分裂，南北两方各自选出了自己的总统和副总统候选人。

而在年轻强大的共和党内，呼声最高的为萨蒙·波特兰·蔡斯与威廉·亨利·休瓦特。蔡斯是一位反对奴隶制的激进派，曾两次担任州长，又当过一届国会议员；休瓦特曾任纽约州长长达4年，又任纽约国会参议员12年，有着长期的从政经验。1858年10月，休瓦特在谈及奴隶制问题时，曾严词驳斥了有关污蔑，声称那并非"狂热的宣传鼓动者煽风点火的结果"，而是"一场顽强、对立的势力相互之间不可制止的冲突，它意味着美国迟早要么成为一个纯粹的奴隶制国家，要么成为一个纯粹的自由劳动国家。"

而林肯是在共和党内争夺总统候选人宝座的潜在对手。他一面没有提名竞选总统的表示，一面又在各地演讲，声名鹊起，当选总统的呼声甚至远远超过休瓦特和蔡斯。

在1859年的整整一年中，林肯旅行了6400多千米，为共和党作了23次竞选演讲。他在美国土地上留下的足迹，远远超过该党的任何一个总统候选人。

作为一个出身于社会底层的政治家，林肯非常反对"靠金钱进入竞选场"。有一次，堪萨斯州负责林肯竞选事务的马克·特拉海向林肯索要竞选经费，遭到了林肯的拒绝。他说：

"我不能靠金钱进入竞选场，因为这从根本上说就是错误的，这是第一；第二，我也没有钱。我认为，靠金钱办事是不带劲的。当然了，在政治竞选中为某些目的花点钱本属正当，也在所难免。"

1860年5月9日至10日两天，共和党伊利诺伊州代表大会在该州的迪凯特召开。林肯年轻时经常驾车到那里去。来自各地的党内积极分子都聚集在市内的旅馆中，商量着这次总统选举伊利诺伊州该推举谁为总统候选人。

这时，从外面传来一阵热闹的乐队吹奏声，还夹杂着一阵接一阵的叫好声。

众人出来一看，只见一辆牛车上竖着两根栅栏木条，木条上还扎有旗子和飘带，正从街上走过。旗子上写着：

亚伯拉罕·林肯，劈栅栏木条的1860年总统候选人，这是1830年汉克斯和亚伯拉罕·林肯合劈的3000根栅栏木条中的两根。林肯的父亲是梅肯县的第一位拓荒者。

而林肯的表舅约翰·汉克斯正站在牛车上得意洋洋地向大家讲解：

"请大家听我说，30年前，我跟'诚实的亚伯拉罕'一起来到这里建造木房子定居时，森林里还经常有狼出没。在草原上，也只有一条道路。亚伯拉罕虽然比我要小10岁，但他的身材早就长得很高了。所以，那时候他经常拿着斧头去砍树木，一天可以砍下上千根木桩来。车上的这两根木桩，就是那时候他砍下来的。"

大家刚刚还只是好奇地轻声念着旗子上的字，现在听完汉克斯老人的话后，便开始大声叫好，随后渐渐激动起来，发疯般地为林肯欢呼起来。人们大声喊着：

"亚伯拉罕，你说话呀！"

林肯从容地站起来，向大家表示感谢。这时，欢呼声再一次响起：

"为诚实的亚伯，为我们的下届总统欢呼！"

从此，林肯就有了两个外号："劈栅栏木条者"和"劈栅栏木条的候选人"。

林肯后来才知道，这个戏剧性场面的设计者并不是他的舅舅，而是当地的律师理查德·奥格尔斯比，是他通过林肯的舅舅去再现"诚实的亚伯"早年的质朴和艰辛的。理查德认为，这样的总统候选人才是信任人民，与广大人民心心相印、息息相通的。

（三）

5月16日，共和党全国代表大会终于在芝加哥召开了，各州代表都前往出席，准备选出总统候选人。

林肯并没有出席这次大会，他像往常一样，吃完早饭后就去了律师事务所。但是，芝加哥打来的电报却从未间断过，不停地报告着投票的情况，这令林肯也跟着紧张起来。

第一轮投票，休瓦特领先；第二轮投票，宾夕法尼亚州投给林肯52票，于是竞争激烈起来。到了第三轮开票时，休瓦特终于输给了林肯。

一瞬间，会议大厅内有1万多人因过度兴奋而突然呈现出半疯狂的状态，有的人跳上座位狂喊大叫，有的人用帽子在别人的头上猛打。屋顶上也鸣起了大炮，街道上的3万多人一齐欢呼！

林肯的好友伦纳德·斯威特后来写道：

"5000人从座位上一跃而起，其中有不少是妇女，发狂的吼声一如全城晚祷巨钟发出的震耳轰鸣。即便上千汽笛鸣放，数百铜锣齐响，大概也会被这种震耳欲聋的声浪所淹没。"

当天的《芝加哥论坛报》上也宣称：

"自从耶利哥城墙倒塌以来，这个世界上还不曾听到过这样的喧嚣。"

而在林肯的律师事务所中，欢呼声也几乎让狭窄的事务所爆炸开来。林肯终于成为共和党的总统候选人了！

在一阵兴奋的欢呼后，林肯拿起帽子，说了一声："我要去告诉玛丽。"然后便急匆匆地离开了事务所，奔向家中。

此刻在家里，玛丽也在焦急地等待着结果。只见林肯像往常一样走进屋子。

"怎么样？"玛丽冲上去就问林肯。

"我被提名了。"林肯微笑着，轻描淡写地回答道。

玛丽先是愣了一下，当她看到林肯的微笑，这才相信这个消息是真的，她几乎快乐得哭起来！

三天后，共和党的代表来到林肯家中，正式通知林肯为下一届的总统候选人。

这时候，林肯家的门前已经是人山人海，欢声雷动。

"万岁！万岁！"

林肯将共和党的代表迎进屋里，说：

"我很珍惜这项重要的使命，我以我的良心起誓，将尽力完成这项使命。"

尽管林肯的口气很平静，然而他很清楚，落在自己双肩上的，将会是沉甸甸的重任！

第十二章　入主白宫

　　黄金诚然是宝贵的，但是生气勃勃、勇敢的爱国者却比黄金更为宝贵。

——林肯

（一）

　　总统的选举在1860年的11月举行。而事实上，选举战在初夏时分就已经展开了。民主党共提出了三位候选人，林肯的政敌道格拉斯也在其中。而共和党提名的只有林肯一个人。

　　这一年的总统竞选，可以算得上是美国独立以来竞争最为激烈的一次，主张废止奴隶制度的共和党与持反对意见的民主党，都会努力地为自己的候选人加油。

　　在这尽显英雄本色的时候，道格拉斯尽力向人们展示自己的过人精力与才华，不知疲倦地到全国各地旅行演讲。他用一种非常庄重的口气告诫国人：如果林肯当选总统，国家就可能陷入失败的深渊，而他当选总统则可以维护联邦的团结。

　　道格拉斯的讲话博得了一阵又一阵的喝彩，然而无论是南方还是北方，越来越多的人已经不再相信这个"小巨人"了。

共和党则在竞选前专门为林肯的总统竞选活动成立了一个青年组织"阔边呢帽俱乐部"，成员们经常高举着火炬在大街上游行。他们身穿制服，头戴阔边呢帽，显示出了蓬勃的朝气和严明的纪律。

原先党内的竞选对手休瓦特也到北部各州进行游说，动员广大选民投林肯一票。当他途经斯普林菲尔德时，林肯还专程到车站向他表示感谢和亲切的敬意。

同时，共和党助选团还向全国人民分发林肯的传记，详细地叙述了林肯从小的贫困生活，后来又当过船夫、店员、牧场的长工以及律师等，引发很多人的注目。

"原来他跟我们都一样。"就连南方开垦区的农民，对林肯的身世和经历都备感亲切。

在两党都在为自己的候选人加油助威时，只有林肯依然保持着缄默。他只写了几封信，同到他家走访的人士一一握手。8月8日，有5万人分乘着各种交通工具来到斯普林菲尔德，要求林肯向他们发表演说。

刚刚被提名为共和党总统候选人的林肯除了向人们表示亲切的致意外，还表示：

"即使我化为灰烬，也要为党的事业进行斗争。"

他最后还补上一句：

"请原谅我不再多说了！"

整个1860年的夏天，林肯亲眼目睹了年轻强大的共和党如旭日东升，蒸蒸日上，同时还看到了全国几百位竞选演说家、几百家报纸都将他推崇备至，称他为"老亚伯""诚实的亚伯""劈栅栏木条的候选人""边疆林区人""人民的公仆"，以及"足智多谋、能言善辩的当代伟人"，等等。

当然，也有一些报纸大唱反调，批评林肯是个乡下人，没读过书，没受过教育，是一个"三流的乡村律师"；说他"连语法都一窍不通"，喜欢讲"粗话"；……这样的人，怎么能够担任国家的元首呢？

贬褒充斥，爱憎分明，这也让林肯更加意识到了自己未来道路的艰辛。

11月6日，终于到了正式投票选举的日子。这天一早，林肯就到镇上的电报局去等待各地传来的消息，镇上的人们也都群集在电报局外。

投票在各个州中同时进行着，因为全国有30个州，要知道投票的结果，就必须要等待相当久的时间。南方的各州自然不会投林肯的票，但对奴隶制问题保持中立的州，林肯的得票却相当高。

下午1点钟，投票结果终于揭晓！一位信使挥舞着手中的电报，向林肯宣告了共和党夺得纽约州选票的大喜讯。至此，林肯才卸下了心头的千斤重担，轻松地嘘了一口长气——当选已成定局了。

林肯心情愉悦地徒步回家，对兴高采烈的妻子说：

"玛丽，我们当选了。"

而此刻，大街上的欢叫声已经震天响了，州议会的大楼周围围满了载歌载舞的人们。大家都尽情地欢呼着，嗓子都喊哑了！

结果终于公布出来了，林肯以1855452张票名列第一，道格拉斯以1376957张得票名列第二。在17个自由州里，林肯获得了多数的选票。但在南部的10个州中，他没有获得1张选票。最终，林肯这位只当过一次国会议员的乡下律师，终于以最多的选票当选为美国第十六任总统。可以说，林肯当选为总统也是美国开国以来最带有地方色彩的一次。

这天晚上，已经是半夜了，镇上还没有一个人愿意回去睡觉。大家都拥在庆功酒会的会场，不断地欢呼着，兴奋不已。而林肯本人，对当选总统这件事却并没有特别的感觉。

事实上，这样一位在贫困的乡村长大的人能够最终当选国家总统，简直就是件值得大书特书的事，但林肯只想到自己在这个时刻当选为总统，肩膀上的责任有多么重大！因为每个投他的选票的人都会想："林肯一定可以解决纷争已久的奴隶问题。"那么从此以后，他真的是任重道远了。

（二）

在林肯当选后不久，南方就开始发生骚动。先是南卡罗来纳州宣布脱离美利坚合众国独立，接着是佐治亚州、阿拉巴马州、密西西比州、路易斯安那州、佛罗里达州和德克萨斯州等六个州同时宣布要与南卡罗来纳州共同组成南方联邦，而且马上招募义勇兵，购买武器，准备战斗。

不久后，南方的许多联邦政府机构，如海关、邮局等，都一一被南方政府接管了。

战争的情势似乎一触即发。

当时的情况是：11月选举产生总统，第二年3月才就任，中间有4个月的空档期。

南方各州正是趁着这个机会骚乱，林肯当然知道这些情况，所以十分头痛。在成功的背后，这个总统的宝座坐起来并不轻松。从没有得到南方一张选票的事实上，林肯已经看出那些人充满了敌意，对他的抵触情绪也极其强烈。

可以说，林肯的当选已经成为各方政治势力重新排列组合的导火索。离就职典礼还有几周时，林肯就收到了许多恐吓信，要他小心去华盛顿就职之前被暗杀。他们还把他说成是给国家带来灾难的猩猩、猿猴、小丑、魔鬼、畸种、白痴，祈求上帝鞭打他、烧烤他、绞死他、折磨他，有的干脆就在他的肖像前画上绞刑架和匕首。

同时，玛丽·托德也收到了一幅油画，画面上她丈夫的脖子上套着绞索，脚上锁着铁镣，身上涂着柏油，还粘着羽毛。

随后，林肯派伊利诺伊州副官处处长托马斯·马瑟前往华盛顿，以试探当时统帅美军的军事首脑温菲尔德·司各脱将军是否忠诚。司各脱当即表态：

"请转告林肯，只要他一到这里，我就对他的安全负全责。必要时，我会在宾夕法尼亚大道两头架起大炮。谁胆敢把手伸出，哪怕只是竖起一个手指头来，我就会将他轰到地狱里去！"

当时其他地方也是流言四起，称南方军队即将夺取华盛顿，这样林肯就不得不去其他地方就职了。但是，宾夕法尼亚的共和党领导人之一西蒙·凯麦隆却一语惊人。他斩钉截铁地说：

"只要林肯还活着，他就一定要在国会大厦的台阶上宣誓就职。"

对于这一切，林肯感到既疲惫又惆怅，虽然他并没有被严峻的形势所吓倒，但也不知道自己即将面临的到底是什么。这时林肯想到，自己一旦宣誓就职，就会国务缠身，比以前更加忙碌，因此他很想花几天时间回家乡看望一下继母和其他乡亲们。

继母的亲生儿子在1854年就去世了，现在她跟女儿一起住。林肯十分尊敬他的继母，继母也很疼爱林肯。在乡下，林肯与继母共享了一天的天伦之乐，并抽空去了一趟父亲的坟地，在父亲的坟前立了一块墓碑。

第二天凌晨，林肯便准备启程返回去了。继母不顾自己年事已高，硬是冒着凛冽的寒风赶到火车站去送别林肯。她抱着林肯，哭成了泪人，呜咽着说：

"亚伯拉罕，我在想，我们今天一别，恐怕我再也见不到你了！"

林肯听了，也流泪了，但他马上安慰继母说："妈妈！"

接着，他对继母点点头："我会再回来看您的。"

说完，迈着沉重的脚步离开了……

1861年2月，林肯一家准备搬到华盛顿去了。6日晚，林肯夫妇在斯普林菲尔德的家中举行了家庭告别晚会，邀请亲朋好友、左邻右舍以及本州的政要名流，大家相聚一堂，依依惜别。

2月11日这一天，天气阴冷，还下起了细雨。林肯一行15人于清晨8点离开了斯普林菲尔德，在大西铁路车站启程。1000多位故交好友和邻居亲戚前来送别，大家的脸上都挂着庄严肃穆的神情，阴沉忧郁的心绪溢于言表。

在从车站去往专车的一段路上，大家很主动地给林肯闪让出一条通道。林肯在离别乡亲父老时，本来是不打算讲话的，但当他踏上专车的台阶，转身环顾周围的人群时，心中不由一沉，随后取下帽子，在细雨中向大家作了临别讲演。他说：

> 朋友们，乡亲们！如果你们不是处于我的境地，是无论如何也体验不到我此时此刻的伤感之情的。我的所有一切，都要归功于故里和父老兄弟的关怀。
>
> 我在这里生活了四分之一个世纪，由一个青年变成一位老者。我的孩子们都生在这里，长在这里，有一个还埋葬在这里。我现在就要启程了，面临的使命比当年落在华盛顿肩头的还要沉重。我不知道什么时候才能回来，也不知道还能不能回来……在这里，我向各位亲切告别。

发车的铃声响了，火车徐徐启动，载着千万乡亲挚友的祝福，驶向变幻莫测的远方。不少人的脸上还挂满泪花，心中的滋味都像打翻了的五味瓶。

当列车行驶到伊利诺伊州最后一个停靠站——托洛诺车站时，林肯又向群集在月台的另一批群众话别：

"我离开各位是去担当国家的重任。正如大家所知道的，那是一项非常艰巨的工作。但我们确信，一如某位诗人所说的那样，'漫天乌云遮不住，阳光依旧透煌辉。'我谨向诸位亲切告别。"

林肯在从斯普林菲尔德到华盛顿的一路上，一共会晤了五个州的州长和一些州议员，接见了政治、金融等行业的领袖，向千百万群众发表了二十几篇的演说，同成千上万的人们握过手。这也令林肯听取了更多人的意见。他诚恳和毫不矫情的个性，也给群众留下了深刻的印象。

2月14日，林肯的专车抵达匹兹堡市。林肯对市长乔治·威尔逊和群众的盛情接待表示感谢。

在弗里敦镇，人群中有一位挑煤的工人大声喊道：

"亚伯！大家都说你是美国最高的人，但我相信你不会比我高。"

林肯随即笑着答道：

"来吧，我们比比看。"

随即，这个身着邋遢劳动服的挑煤工人穿过人群，走到林肯身边，与林肯背靠背地站着，正好一般高。群众顿时欢呼起来。两个高个子都咧开嘴笑着，相互握手。

2月18日，林肯的专列行抵纽约州。在州议会大厅里，林肯谦恭地表示：

"并非我故作谦虚，而是因为在所有被推举到总统职位的人当中，我确实是出身最贫贱的一个。可是我所要完成的任务，却比他们中的任何一位都要艰巨得多。"

随后，林肯在沿途一路受到欢迎的情况下，到达了"美国的前门"纽约。在这里，林肯受到了纽约市市长弗南多·伍德的非同一般的接待，有人将其形容为"最细致周到、最矫揉造作、最繁琐奢华，但又是最冷淡无情的接待"。

伍德与林肯是水火不相容的，因为他是民主党党魁又兼任市长，曾公开宣称要将纽约建成一个独立于联邦的自由城市，使它拥有像南方各脱离州那样的自主权。当然，林肯对伍德的接待表面上也并不介意。

林肯在离开纽约市时，一个暗杀阴谋也正在积极酝酿之中。这次阴谋的头子，是一个名叫费尔南迪纳的理发匠。这一绝密的情报是林肯到达费城后才获悉的，经验丰富的侦探阿伦·平克顿当即表示要将林肯连夜送往华盛顿，但林肯在考虑良久后拒绝了。他说：

"先生们，我对这一建议深表感激。但我认为我不能在今晚就去华盛顿。我已经允诺明早在费城的独立厅升旗，然后再去哈里斯堡州议会进行访问。我必须履行这两项承诺，不论任何代价。只有在这以后，我才能考虑你们可能采取的任何行动计划。"

2月22日这天是华盛顿总统的华诞，早晨6时，林肯在一片礼炮声和群众的鼓掌声中，将一面美国国旗徐徐升上独立厅的上空，随后又面向独立厅拥挤的人群发表了讲话。

接着，林肯又前往哈里斯堡州进行了访问。傍晚6时许，林肯离开了宴会厅，坐车直朝车站驶去。随后，林肯改乘专列秘密离开了哈里斯堡，从而避免了一次暗杀阴谋的发生。

第二天早上6时，这位新当选的总统终于安全地抵达了华盛顿。

到达华盛顿后，林肯暂时下榻在威拉德旅馆的一个套间。

（三）

1861年3月4日是一个特别的日子。这一天，美国第十六任总统亚伯拉罕·林肯即将宣誓就职。

这天早上，天气本来清新爽朗，可不久就变得阴冷起来。就像当时的美国形势一样，忽明忽暗。但是，寒冷的天气也没有阻止成千上万的外地人纷纷赶来参加新总统的就职典礼。大街上人山人海，人们都在期待、谈论着这位新任的美国总统。

典礼开始后，林肯缓步走向露天讲台，慢慢地戴上眼镜，摘下帽子。但一看，帽子没地方可放。就在他不知如何是好的时候，坐在国会议员席上的一个人伸了一只手过来，接下了林肯的帽子。这个人，就是林肯一直以来的政敌达格拉斯。

随后，林肯从容不迫地从口袋里取出了讲稿，开始了他就职以来的第一次演说。

"我现在并无意于干涉承认奴隶制度的州。"林肯一开始就这样表达了自己企图以温和手段来解决奴隶问题的观点。

接下来，林肯又坚定了自己的立场：

"合众国只能有一个，每个州都不能按照自己的意愿脱离合众国。"

同时，林肯还向南方各州发出了呼吁：

"会不会发生内战，完全取决于你们的一念之间。政府绝对无意攻击你们，除非你们先发动攻击，否则不会有任何战争发生。无论如何，我都要保护政府的完整，我们不是敌人。"

就职演说本身作为新政党首届政府的一个正式文件，作为对政策和观点的阐述，以及林肯在一段时期沉默后的第一次发言，自然也会成为当时举国瞩目的中心。所以这篇文稿在典礼之后便迅速传遍全国，乃至更远的地方。

演说结束后，老态龙钟的首席法官坦尼走上前来，为总统举行正式宣誓仪式。他颤巍巍地举起一本翻开的圣经，林肯将左手按在圣经上，举起右手，然后跟随这位首席法官复诵着宪法所规定的誓词：

"我庄严宣誓，我将忠实地履行合众国总统的职责，我将竭尽全力去保持、维护和捍卫合众国宪法。"

这时，国会山上礼炮齐鸣，向这位美国历史上的第十六任总统致敬。

这也是最为庄严的一刻，林肯宣誓就职的隆重仪式至此也落下了帷幕。

礼毕，这位新任总统上了车，经由宾夕法尼亚大道回去时，沿街的房屋都有绿衣的枪手暗中保护，而且一路还有步兵成列相随。

因此，当林肯到达白宫而未受到任何伤害时，许多人都为之惊讶。当然，也有一些人感到失望。

此时，玛丽真是高兴极了，多年来的梦想，今天终于成为了事实。然而此时的林肯却是心事重重，国家此时危机四伏，随时都有爆发内战的可能。抛开个人的安危不说，如果真的打仗了，联邦政府将以何种方式对抗装备精良、人多势众的南方军队？

更关键的是，美国现在实际上已经陷入四分五裂之中，南方的六个州已经脱离了联邦，组成了南方同盟政府，另外还有四个蓄奴州也正在准备这么做。

除了这些外患，还有内忧，那就是各个内阁成员也都持有不同的政治观点：

财政部长在许多问题上同林肯有分歧。

内政部长缺乏林肯的那种对国家民族的责任感和热情。

陆军部长拥有铜铁和铁路的控制权，而且是工商界和政界的主要联系人。

邮电部长反对奴隶制，曾为逃奴做过辩护律师。

……

可以看出，林肯以后的白宫生涯并不轻松，需要面对来自各方面的压力。当然，他也充分考虑到了这一点。林肯决定，将以自己全部的热情和努力去维护美利坚合众国的统一。

第十三章 打响南北战争

卓越的天才不屑走一条人家走过的路，他寻找迄今没有开拓过的地区。

——林肯

（一）

进入白宫之后的林肯，不仅经常为战事担忧，还要经常回应政敌的攻击，因此经常感到痛苦和不快。在这样的环境下，林肯的幽默本领开始显得更加可贵。而且，他还时常用讲故事的方式巧妙地回击自己的政敌。

有一次，林肯就用一个小故事回击了道格拉斯对他的攻击。他说，以前他在内河当船员的时候，看到一艘容量很小的汽船。这艘小汽船经常冒着烟在运河上来回航行。它有一个1.5米高的锅炉和一个2.1米高的汽笛，每当汽笛一响，小船就只能停下来。

林肯在讲故事时，滔滔不绝，其实是将道格拉斯比喻成为这艘小汽船，暗示道格拉斯肚量狭小，说话时就无法思考，思考时就没办法说话，所以说出来的话都是欠考虑的。

当选总统后，林肯还要面临着四面八方涌来的大批求职者，这些求职者几乎踏破了白宫的门槛，让本来就十分繁忙的林肯总统更加焦头烂额。

每天来找林肯谋求官职的人群就像潮水一般，从整个北部地区，"得胜的共和党人像老鹰扑食般的飞来了"。有的人竟然半边脸涂着肥皂，脖子上还围着毛巾，就从旅馆的理发室冲上来追上一位参议员，问他答应过的官职有没有下落。

有一次，林肯在乘坐一辆马车经过街上时，居然有人在街口截住马车，硬是要将一份推荐书塞给林肯。林肯皱着眉头，大声喊道：

"不行！不行！我不能到大街上来开店铺！"

一个林肯的儿时伙伴也来找林肯求职。这个人没什么本事，却希望能在政府中谋求高职，最低也要是国家造币厂的厂长。

林肯好不容易才将这个自认为是的朋友打发走，他无奈地对秘书说：

"这个人干脆直接说要当财政部长得了！"

并幽默地补充道：

"也许，他认为劈柴的林肯能当总统，他也应该水涨船高，起码从一开始就能谋得一个高位呢。"

有一天，一位求职者又找到林肯，说他曾经为林肯的竞选做了巨大贡献，林肯之所以能当上总统与他的努力是分不开的，所以要求林肯给他安排一个职位。

林肯对这位大言不惭的求职者说：

"当上总统以后，每天都有那么多的麻烦。是你让我当上了总统，那也就是你给我找了很多麻烦，这还有什么可感谢的呢？"

一位来自费城的求职者三番五次来找林肯，占用了林肯大量的工作时间，林肯在无奈中想出了一个摆脱此人的办法。当这个人又一次找到林肯时，林肯直接到屋角的一个架子上拿出一个瓶子，对那个头顶光秃秃的来访者说：

"您试过这种生发的东西吗？"

那人说从来没试过。林肯就把手中的瓶子递给他，建议他回家试一试，即使没什么效果也要继续使用，直到10个月后再来，到时跟我说说疗效怎样。那人只好狼狈地走了。

对于这些每天找他谋求职位的人，林肯曾无限感慨地说：

"如果我们的美国社会和联邦政府有一天完全腐败并彻底垮台，主要应归咎于这种贪得无厌的官欲，这种四处钻营以求过好逸恶劳寄生生活的欲望。而这些欲望使我也沾染上一些。"

（二）

就在林肯宣誓就职的第二天早晨，坏消息就传来了。

这天早晨，林肯刚刚上班，一份由驻防在萨姆特要塞的司令罗伯特·安德逊少校送来的紧急报告便送到了他的办公桌上。

萨姆特要塞位于南卡罗来纳州恰斯敦港的入口，扼守着港口。自从联邦政府设立在南方各州的机构陆续被南方军占领后，现在已经逼近到这个要塞了。

安德逊少校率领手下顽强防守，但现在他们的食物储备仅够维持四周，再节省也只能维持40天。而南部的同盟分子已经准备就绪，只等他们设在蒙哥马利的政府一声令下，就要炮轰萨姆特堡。因此，安德逊少校请求政府派军支援。

可让林肯烦恼的是，如果政府派军队前去支援，就一定会与南方的军队发生正式冲突。这样一来，内战就无法避免了！

出任林肯内阁的共和党元老休瓦特认为，政府目前还未做好战争准备，因此只能放弃这个要塞。

但林肯认为，如果退出这个要塞，南方就会更加轻视政府，所以林肯认为应该运些粮食支援萨姆特要塞。

就在林肯政府商讨如何应对萨姆特要塞问题时，1861年4月1日凌晨，南方军向萨姆特要塞下了最后通牒，限令北军马上无条件从该要塞撤出。安德逊作出答复，答应于15日正午撤离。

然而刚过不久，包围萨姆特要塞的南方军便向其发动猛烈进攻，大炮也向萨姆特要塞一齐开火。南北战争正式爆发。令人意想不到的是，由此开始的战争竟然持续了四年之久，并且夺去了62万条宝贵的生命。

4月12日至13日两天，就在政府的运粮船即将抵达萨姆特要塞之时，南方的同盟军对萨姆特已经接连不断地打了3000多发炮弹。守军在苦苦支持了两个昼夜后，终于因为弹尽粮绝而投降。

占领了萨姆特要塞后，南方军立刻烧毁了合众国的国旗。

萨姆特要塞的炮声也将北方人从幻梦中突然惊醒了。一场本来看似离他们很遥远的战争，瞬间就变成了现实。现在，北方不得不站起来应付了。同一个国家的"兄弟"之间居然兵戎相见，这让一直期望和平的林肯十分难过。但是，他还是忍住眼泪，下定决心应对南方军的背叛。

4月15日，此后多年被称为"林肯首次招募军队日"到来了。这一天所发生的事情，也被视为"人民起义"。人们纷纷拥向街头，涌向公共广场，涌进会议厅和教堂。萨姆特要塞的星条旗被击落，加上林肯的宣言，成为吸引全国民众的一块巨大磁石。数以千计的城镇和村庄中，人们都怒火中烧，斗志昂扬，各界为招募和装备军队也在纷纷举行募捐，通过决议，并指定专门委员去筹集资金，照顾军属，教育或惩戒那些不爱国的人。在大城市内，外国移民也组成了相应的部队，就等着联邦政府和总统的一声召唤了。

与此同时，南方军也在加紧进行各项准备。本来一直持观望态度的弗吉尼亚州，也终于决定退出联邦，加入到南方军的阵线联盟。南方联邦的首府，设在了弗吉尼亚州的瑞奇蒙德。

弗吉尼亚州的这一决定，也令一个犹豫不决的人最终打定主意回到弗吉尼亚。这个人就是罗伯特·爱德华·李。他的父亲曾在独立战争期间功勋卓著，深得华盛顿的欣赏；而他本人也是公认的军事天才，而且为人严谨正派，曾宣誓会效忠美利坚合众国。他与林肯一样，也十分痛恨奴隶制，并希望能够废除它。而且，他也热爱联邦，憎恨分裂，不相信南方联盟会获胜。

但是，当弗吉尼亚宣布脱离联邦后，他只能拒绝出任联邦军队指挥。他说：

"我不能率领一支敌对的军队同我的家人、朋友作战。所以，除了保卫我的家乡弗吉尼亚外，我不想再拔出我的剑了。"

李将军的这一决定，几乎把南北战争延长了两三年。

在这种危急的情况下，林肯该找谁来统领他的军队呢？

（三）

弗吉尼亚州与华盛顿市只隔着一条波多马克河。如今，美国就以该河为界，分为南北两派。

炮声不断从波多马克河的对面传来，华盛顿的市民十分担心，不知道哪天炮弹就会飞过来。华盛顿市通往北部各州的铁路与电线也都遭到了一定的破坏，这让市民们更加惶惶不安。

现在，林肯每天忙得简直连睡觉、休息的时间都没有。他当总统不过才一个多月的时间，消瘦的脸上皱纹就又加深了不少。

不幸的是，在这种内忧外患的情况下，林肯的三儿子威廉因患病而死。前一天晚上，威廉还好好的，第二天突然就发高烧，不久便停止了呼吸。

林肯接到噩耗后，马上赶回家中，抱着威廉的尸体失声痛哭。

如果不是发生了战争，一向疼爱孩子们的林肯很可能在几个月内都会郁郁不乐。而现在，国家处于危难时期，林肯根本没有时间终日为失去儿子而悲伤，他很快就将精力投入到国事当中。

这一年的7月，林肯政府终于派出了由麦克道尔率领的3万大军，浩浩荡荡地开往弗吉尼亚州，去攻打那里的南方联盟军。当时，在美国的将领当中，还没有一个人曾经率领过那么大批的兵马。

当时，南方军就在距离华盛顿不远的布鲁兰地区。北军虽然来势汹汹，可惜没有受到过什么训练，行动散漫，结果两军刚交战一天，北军就伤亡惨重。

布鲁兰战役的失败，令共和党内的一些人开始批评林肯政府的作风。身为内阁成员之一的共和党元老、财政部长契斯，一向与林肯意见相左，现在就更加不服从林肯的指挥了。

在这种形势下，北方军又怎么能战胜团结一致的南方军呢？林肯为此更加痛苦。

北方军在战役中传来失败消息的当晚，林肯一夜未睡。天明后，他倾听着新闻记者和头戴丝质帽的市民们不断地讲述着他们所目睹的混乱情形。

但是，失败和打击对林肯来说已不是什么新经历了。虽然这次战役失败了，但他仍然坚信自己的主张必然能够获得最后的胜利，他的自信心也并未动摇。

于是，林肯特地去看望了那些失败而归的士兵，与他们握手，再三地说：

"上帝祝福你，上帝祝福你。"

他鼓励他们，并坐下来与他们一起吃豆子，重新振作起士兵们那种消沉的情绪，还与他们谈论着光明的未来。

同时，失败也让林肯明白，这将是一场长期的战争。所以，他请求国会为应对战争而征召40万人。但国会只替他招募到10万人，并表示另有50万人要服役三年。

可这次又有谁能够统领这些士兵呢？林肯已经决定换掉麦克道尔，但却没有一个类似于李将军那样勇敢智慧的将领为林肯所用。

（四）

在战争刚爆发后不久，有一位名叫麦克列兰的年轻将军，带着20万尊大炮和一部活动印刷机冲入弗吉尼亚，攻击了一些南方联军。事后，麦克列兰用他的活动印刷机发布了几十次喜剧化而夸张的捷报，将他胜利的消息告知全国。

由于战事刚刚开始，人们都满怀恐慌地盼望着能有一位英雄出现。而麦克列兰的自我吹嘘，令很多人都认为这就是他们所盼望的英雄将领。于是，在布鲁兰战役失败后，林肯便将麦克列兰请到华盛顿，任命他为波多马克军区的司令。

麦克列兰毕业于西点军校，喜欢骑马。每次他的部下看到他骑马过来时，都要高声喝彩。而麦克列兰便会坐在马上得意洋洋地模仿拿破仑挥手的样子，因此也赢得了"年轻的拿破仑"的美称。他的确也有点拿破仑的才干，一上任就开始重新组织和训练军队，将那些不知纪律为何物的士兵训练成为一个个唯命是从的军人。三个月后，这些经过训练的士兵就已经达到了17万人之多。

由于战事紧张，林肯一直催促麦克列兰采取行动，对南方军发动进攻。然而，麦克列兰最大的缺点就是过于谨慎，他的能力、所受的训练以及经验等，都弥补不了这一缺点。除非他认为占尽了天时、地利、人和，否则就不愿投入战斗。他在笔记中曾这样写道：

"一旦我觉得部队训练好了，兵强马壮了，我就前进。"

还有"我确信明天"等，他总是希望"明天"。

尽管林肯一再催促，麦克列兰还是找出各种理由来推脱。当被逼到不得不说明原因时，他就怒气冲冲甚至不予理会。

很快一年就过去了，春季即将来临，麦克列兰还没有行动的迹象，每天只是操练士兵和举行阅兵，并说着各种大话。这令全国一片哗然，而林肯也因为任命的麦克列兰迟迟不发动进攻的缘故，受到各方的批评和责难。

林肯实在忍无可忍，找到麦克列兰，大声叫道："你的拖延要毁灭我们了！"并正式给麦克列兰下达进攻命令。

事到如今，麦克列兰不得不采取行动了，否则就要被解职了。于是，他连忙率领军队出发，准备去攻打弗吉尼亚，并打算由乞沙比克和俄亥俄运河将船只驶过来，以便在波多马克河的两端架桥。

然而就在最后时刻，这个计划又泡汤了。因为船只比运河的闸门还要宽6英寸，船只根本无法通过。

当麦克列兰将这个消息报告给林肯后，这位最有耐心、最能容忍的总统终于大发雷霆，用他以前在印第安纳州乡下的俚语质问道："见鬼了！为何还没有准备好？"

终于，在1862年5月，麦克列兰在对他的士兵进行了一次重大的演说后，率领12万士兵出发了。

战事已经进行了一年多，麦克列兰夸口要立即解决整个战事，并让士兵们早点回家去种田。说起来也很滑稽，林肯居然还相信了他的话，并发出电报给各州州长，表示不必征募志愿兵，而且还要关闭新兵招募处，并要将这些地方的公共财产全部卖出。

但对于充满智慧和谋略的李将军来说，他很清楚自己要对付的不过是一个胆怯得从来不上战场的无能将军而已。

因此，李将军就让麦克列兰费了三个月的工夫到达里奇蒙。当麦克列兰率领士兵到达城外时，士兵们似乎能听到教堂里的钟声。这时，机智的李将军连续发动了几次猛烈的进攻，不但在七天内将麦克列兰赶回军舰上躲着不敢出来，还让他损失了1.5万名士兵。

如此，麦克列兰吹嘘的所谓"大事"，竟然成了极其凄惨的败北。但是，麦克列兰还在责备政府没有给他派足够的兵力，让他失败了，因此不断要求增兵。

林肯对麦克列兰的要求简直忍无可忍，气得说不出话来。在军事行动上，林肯感叹地说：

"一个指挥者的智慧是多么重要呀！"

为此，他甚至多次跪下祷告，祈求上帝也赐给他一个罗伯特·李将军。

在整个联邦军队当中，到哪里去寻找另一位罗伯特·李将军呢？没有人能给出答案。

有一次，林肯与他的政敌道格拉斯进行辩论。道格拉斯指控林肯说一套做一套，完全是个有两张脸的人。林肯回应说："道格拉斯指控我有两张脸，那么大家说说看，如果我有另一张脸的话，我会带着这张丑脸来见大家吗？"

第十四章 发布《解放黑奴宣言》

我们要想涵养公正的品德，就应养成一种"不苟"的优良习惯。

——林肯

（一）

战事发生两年以来，林肯一直想要找出一位全国所企望的军事领袖。麦克列兰失败后，林肯又任命了另一个统帅，然后依然失败。

在绝望之余，林肯将军权交给了一位名叫班塞特的将领。但是，班塞特知道自己并不是一个合格的将才，所以两度推辞。最后当他被迫受命时，居然难过得哭了。

之后，班塞特统领军队，向李将军的军队发起猛烈进攻。然而，这次进攻最终又以损失1.3万名士兵的结果而宣告失败。这次战役后，很多军官及士兵们开始纷纷逃亡。

班塞特又被革职了，林肯又将军队交给了另一位与麦克列兰一样的吹牛者胡克尔。胡克尔带着他所谓"全世界最精锐的部队"再次向李将军发起进攻。他的兵力是南方军队的两倍多，但很快就被李将军歼灭了他部队中的1.7万余士兵。

这也是南北双方开战以来，北方军队败得最为惨烈的一次。

一连串的失败，让林肯陷入一种无精打采的绝望之中。他几乎不能处理公务，信件、电报都放在桌子上没有翻阅。有时，他会坐在椅子上高声地朗诵几个小时，听众只有她的秘书或侍从武官。

早在布鲁兰战役的一个月，有一天早晨，林肯看到报上有弗里蒙特向密苏里州发出的布告：

"密苏里州民众，若有人帮助南方军，将没收其财产；若有人用奴隶，需将之解放。"

林肯在看到这个布告后很生气，因为弗里蒙特未经过总统许可就擅自发布命令。而且，这次战事的起因是由于南方各州脱离合众国，但弗里蒙特却认为是为了解放黑奴而战斗。

而且，这个布告如果真的执行起来，那么原来保持中立的一些奴隶州，就很可能会马上加入南方联邦。

为了这件事，林肯不得不将弗里蒙特免职。

1862年麦克列兰辞职后，虽然又任命了几个将领，但几乎都是在打败仗。每次都不算是什么大战役，可战场上却在不断死人。同样是美国人，如此互相残杀让林肯很痛苦。

事实上，除了战场之外，还有很多让林肯担心的事。因为战争的关系，北方很多工厂都相继倒闭了，与国外的贸易也在不断减少。

南方的情况也差不多，但由于英国得不到足量的棉花，便希望战争快点结束，所以经常向南方供给武器和金钱。

战争继续拖下去会是什么样的后果？林肯自己也不清楚。

在这不断增加的忧虑之中，林肯的内心逐渐有了一些转变，那就是弗里蒙特所发布的公告。其实北方很多人都赞成弗里蒙特的做法，大家都认为：我们是为了解放奴隶而与南方军作战的。而林肯原来的想法是：先谋求合众国的统一，然后再解决奴隶问题。

可现在有了上述理由，林肯内心深处的思想逐渐被唤醒。

"即便是合众国统一了，却不能维护自由的精神，那又有何意义？为了所有人的自由，必须打仗。这不是兄弟闹翻，而是为了全人类的自由而战。"

战争在继续进行着，而林肯内心的信念也逐渐明朗起来。处于困难之中的林肯，此时已经有了奋战到底的决定。

（二）

在参加义勇军的人中，有一位40多岁，名叫尤利西斯·格兰特的人，年轻时曾参加过墨西哥战争，表现十分勇敢杰出。

格兰特的领导能力也逐渐在军队中显露出来，不断被上司嘉奖，最终格兰特获得了指挥大队人马的权利。格兰特也没有辜负众人的期望，率领的军队不但纪律严明，而且连连告捷。

1862年春天，格兰特率领的军队攻下了南方军的好几个要塞。这对一直处于战败状态的北方军来说，无疑是十分振奋人心的。于是，林肯擢升格兰特为总司令。此后，格兰特所率领的政府军都获得了较佳的战果。

1862年夏，林肯在听取完反奴隶制的牧师蒙邱尔·丹尼尔·康韦有关全国各地情况的汇报后，严肃地表示："当解放奴隶制的时机到来时，我确信我一定会尽到我的职责，哪怕付出我的生命也在所不惜。"于是，林肯终于决定要发表解放宣言了。

但是，当时麦克列兰等人所率领的军队惨遭败北，内阁便认为总统应该等待有捷报传来时再发表宣言。

于是，林肯便开始等待。

在这期间，南北战争仍在继续，如果这场战争无法获胜，解放奴隶的宣言也就毫无意义。因此，北方非打赢不可。

虽然北方已经重振了军威，但战争的形势却不容乐观。林肯为了鼓舞士气，经常骑马亲自到前线去巡视。年轻的士兵看到总统亲临，都很兴奋。

渐渐的，格兰特率领的军队开始节节取胜，并一直攻到比克堡。这个要塞面临密西西比河，对南军来说是一处重要的据点。如果攻下这个据点，对南方军的影响极大。

正当格兰特将军率军对比克堡展开攻击时，南方的李将军也率领军队直接攻向宾夕法尼亚州。这令华盛顿再次陷入危急状态，格兰特迅速派遣密德将军率领8.5万人前往华盛顿解围。

此时，李将军率领的南方军已经到达了盖茨堡，双方在此相遇，展开了激烈的战斗。

战斗一直进行到第三天傍晚，两军都已经疲惫不堪。无论是南军还是北军，此时都只剩下一半的人了。

李将军决定放弃战斗，开始撤军。而北方军此时也已无力再战，看到对方已经停火，一个个倒头就睡在了战场上。

第二天早晨睡醒后，才发现南军已经全部撤退了。

盖茨堡之战，双方的损失都十分惨重，从此南方军元气大伤。而此时，格兰特将军在比克堡又打了胜仗。

本来已经失望了的北方人，这下子又有了信心，认为这次战争北方是赢定了！

（三）

直到打了胜仗后，林肯才于9月中旬正式召集他的内阁，讨论即将发表美国历史上自从独立宣言以来最为有名的一项文件。

不久后，林肯将他的宣言提交内阁。但由于未到1863年1月1日，宣言还不能生效。

《解放宣言》触动了北美和南美，同时也触动了欧洲。广大群众赞成北部，反对南部，都旗帜鲜明地支持林肯，统治阶级想改变他们的观点也不可能。但同时，狂怒的浪潮也正在席卷南部，政客、演说家和新闻报纸都大骂林肯破坏了战争文明，侵犯了私人财产，鼓动黑人烧杀奸淫。他们称林肯是"懦夫""凶手""野兽""刽子手"，甚至干脆称他"魔鬼林肯"。

林肯在一年前就曾警告说，这场冲突有可能发展成为"无情的革命"，而目前摆在眼前的重大任务就是把这场征服敌人的战争打到底。

经过一系列的准备工作，12月30日，林肯将宣言抄本分发给每一位内阁成员，准备次年1月1日正式发表它。

次日上午10时，内阁召开会议。国务卿西华德和海军部长韦尔斯建议对宣言做一些小的修改；财政部长蔡斯则主张宣布所有各州的奴隶一律获得自由，不该规定某些区可以例外。同时，蔡斯还带了一份他本人草拟的宣言初稿，向林肯推荐应采用这样的结尾：

"我真诚地相信这是一项正义的措施，它符合宪法的规定，是国家现状所必需的恪守职责的措施。我祈求人类对其详加审鉴，上帝为之赐福。"

林肯认为这段话很恰当，便决定采纳。他只在其中删掉了一个短语，加上"出于军事上的需要"，然后便决定采取这一行动。

宣言规定以下地区将不宣布解放奴隶：田纳西州、密苏里州、肯塔基州、马里兰州四个未脱离联邦的边界蓄奴州；路易斯安那州的13个县级教区和弗吉尼亚州诺福克周围的一些县。

内阁会议结束后，林肯又用了一整天的时间重新抄写了宣言的全文，然后交由国务院正式誊清。

在这之前，不少人都怀疑林肯总统是否会如期发表这个宣言，甚至有人认为总统会在1月1日这天撤销而不会发表它。

1863年1月1日上午，林肯主持了元旦例行招待会，同政府和陆海军中的高级官员以及各国外交使团成员一一握手。

下午，西华德带着林肯亲自起草的《解放黑奴宣言》文本来到白宫。作为一份完整的文件，总统必须在上面签字。当林肯将笔蘸满墨水，正准备要签字时，他迟疑了一下，然后转向西华德说：

"如果蓄奴制不算是错的，那就没有什么事可以算得上是错的了，而我生来从未如此确信过我做的是对的。但从今天上午9点钟开始，我就一直在接见客人，同他们握手，以致我的手臂麻木僵硬。这一次的签字一定会经过仔细鉴定的，如果他们发觉我的手曾经发抖过，他们将会说：'他曾有一点懊悔呢。'"于是，林肯在让手臂休息了一会儿后，沉着而坚定地署上了"亚伯拉罕·林肯"的名字。随后，西华德也签了名，并盖上章，文件随即被存入国务院的档案库中。

作为一份质朴审慎的历史性文件，《解放黑奴宣言》在发表后马上就成为一个具有巨大轰动效应的新闻。在当天和那个月里，宣言通过各种媒体和书信传遍了全世界，成为亿万人的关注焦点。

然而林肯发现，人们并没有透彻地领会《解放黑奴宣言》，因而对政府的不满也增加了，一些秘密组织逐渐建立起来。甚至在军队中还发生了一次叛变，那些被征召要挽救联邦的士兵们发誓，他们绝不会挺身而起甚或死亡，以便让那些黑奴们得到自由，又使他们获得社会上的平等地位。成千上万的士兵因此而逃跑，征兵的工作也不得不停顿下来，还有另外一些忠心耿耿支持政府的人也受到了恐吓。

这一次，林肯所信赖的人民完全让他失望了。在秋季的选举中，人民开始极力地反对他，甚至包括他的故乡伊利诺伊州。

就在选举失败之时，战场上又传来了北方军失败的消息，1.3万士兵在战事中伤亡。

那简直就是一次愚蠢至极的大屠杀！令整个国家为之愕然，人民陷入绝望之中，林肯也再次遭人责骂，甚至连共和党的参议员也开始反对他。

这对林肯来说，又是一次极其难堪的打击。林肯承认，那件事比起他从政生涯中的任何一次事件都要来得苦恼。

对于世人的不满和不理解，林肯在给朋友的一封信中写道：

有些人对我不满。对他们我要说：你们渴望和平，又因得不到而指责我。到底怎样才能求得和平呢？道路有三条：第一条路用武力镇压反叛。我现在正在尝试这样做，你们赞成吗？如果赞成，那么我们在这一点上就是一致的；如果不赞成，第二条路就是放弃联邦。我反对这样做，你们呢？如果你们赞成，就要说清楚；如果你们不赞成用武力，又不愿联邦解体，只有妥协。我不相信妥协，包括保存联邦这样的妥协能够实现。我所知道的一切均使我有一种完全相反的想法。

你们不喜欢《解放宣言》，说它不合宪法，而我的看法却不同。我认为，宪法赋予了总司令战时的战争法则。至多也只能这样说，如果可以这样说的话，奴隶是财产，按照军事法则，敌人和朋友的财产在必要时都可取而用之，难道对此还有任何疑问吗？难道现在不是必要的时候吗？取之即可有助于我们，或对敌人造成损害……

……截止到《解放宣言》颁布，平叛战争已力行一年半的时间。其中过去的100天时间，是在已通知宣言就要发出的情况下度过的……

林肯最后写道：

和平，我希望它早日到来，并持续下去。我还希望未来的和平值得我们永远保持下去。

许多人因为受到林肯的影响，后来逐渐改变了他们最初的观点。

　　林肯出身于一个贫穷的拓荒者家庭。在竞选总统时，他没有专车，每到一站，大家就为他准备好一辆耕地用的马车，他就站在车上进行竞选演说："有人问我有多少财产，我有一位妻子和一个儿子，都是无价之宝。此外，我还租用一个办公室，室内有桌子一张、椅子三把，墙角还有大书柜一个，架子上的书值得每人一读。我本人既穷又瘦，脸很长，不会发福。我实在没有什么可依靠的，唯一依靠的就是你们。"

第十五章　葛底斯堡战役

不要沉沦，在任何环境中你都可以选择奋起。

——林肯

（一）

随着联邦军队向南方逐渐推进，密苏里州、弗吉尼亚州、田纳西州和北卡罗来纳州等一些地区也相继出现了联邦的旗帜，并涌现出了一些新的统治人物。

其中，就有安德鲁·约翰逊。他辞去了国会参议员和战争指导委员会委员的职务，被委任为田纳西州的军管州长，并打算招募一支黑人军队。

林肯对约翰逊的这一做法深表赞同，高兴地对他说：

"只要密西西比河畔一出现5万名武装起来并经过训练的黑人士兵，这场叛乱很快就会平息下去。"

安德鲁·约翰逊也是为数不多的来自南方的联邦主义者，对林肯政府十分忠诚。林肯也希望能在南方各州中找到10%的人宣誓效忠联邦，以便为今后的重建工作打下基础。于是，"林肯10%计划"便由此响震全美国。

1863年初，约瑟夫·胡克被任命为联邦军队统帅，去攻打南方军。然而胡克像麦克列兰一样，是个畏缩不前的家伙。首战失败后，胡克便转而步入麦克列兰的后尘，又被乔治·米德接替了指挥权。

老米德是一个不苟言笑，且易发脾气的人，他对人极其严厉，却具有出色的带兵才能。6月28日，米德就职。

这时，有消息传来说，李将军准备挥师北上。林肯得知这个消息后，十分兴奋。因为李将军的先头部队虽然在马里兰，但后防却在弗雷德里克斯，在这么长的阵线上，某一部分必然会被拉得很脆弱。

李将军所率领的7500名士兵穿过马里兰进入宾夕法尼亚州后，丝毫不把北方军放在眼中，一个个士气高昂。此时的李将军，正在为粮食、弹药以及欧洲各国的承认等一连串的想法所激动，带领军队直奔宾夕法尼亚州的首府哈里斯堡。

但是，这里毕竟是北方军的地界，米德很快就在李将军的身后出现了，并切断了南军的退路。

李将军自然也知道交通线对一支深入孤军的重要性，虽然不情愿，但也只好回过头来。很快，两军就在一个名叫葛底斯堡的地方遇上了。

米德没想到李将军会回头来打自己，因此一开始被南方军打得晕头转向，先头部队也四处逃散。而李将军似乎也没想到会这么快遇上敌军，因摸不清敌军情况，也只好下令停战。

这是7月1日的傍晚。李将军的停战，让米德有了反击的机会。晚上，米德调集所有军队开赴前线，在每个险要的地方都安排了兵力。

7月2日下午，南北军的战斗又一次开始了，南军的朗斯特里特率领士兵猛烈攻击联邦军的左翼。战斗一直持续了两个多小时，最终南方军略占优势。

7月3日，李将军因为两次小胜而开始瞧不起北军，认为他们依然和以前一样，不堪重击，于是决定直接攻击北军中央。

然而，那里是一块开阔的地方，米德的炮火正对准那里，还有步枪埋伏在周围，时刻都在准备开火。但李将军却不为所动，认为以前北方军队中从来都没有有谋略的将领和勇敢的士兵，现在也一样。

南方军毫不犹豫地攻入了北军的阵地，手拿闪闪发光的战刀，与北方军展开了肉搏战。可是，在这次战斗中，南方军逐渐开始不敌北军。北军在自己的地盘上作战，仿佛感到自己的手臂上悬挂着国家的命运一般，打得极其勇猛，结果南军大败而逃。

这一次李将军犯下了一个不可挽回的错误。以血肉之躯去抵挡炮火，以步兵去对付炮兵，结果导致军队损失惨重，伤亡达3.6万余人。北方军虽然伤亡也比较惨重，达2.3万人，但相比南军来说要轻得多。

4日，李将军带领部队退回到第一天开战时的阵地据守，而米德也无意主动攻击。

这天晚上下起了大雨，李将军准备将部队退回波多马克河。然而这次李将军的运气十分不佳，河水暴涨，部队根本无法渡河。这让李将军进退两难，只有束手就擒的份儿了。

米德知道，这是个千载难逢的好机会，因而试图向李将军的部队进攻。他将时间定在13日。

（二）

与此同时，7月4日这天，传来了格兰特将军打下维克斯堡的消息。这一堡垒对同盟一方非常重要，因为它控制着整个密西西比河及其全部的航运。维克斯堡大捷后，密西西比河便畅通无阻了。林肯希望，米德将军能彻底摧毁李将军的部队，那战争也就不用打了。

然而就在准备攻击的前一天晚上，米德召开了一个作战会议，结果只有两位军长同意这一作战计划，这次轮到米德进退两难了。总统一再督促他进攻，他也想进攻，可现在这样的结果让他很为难。

林肯似乎预感到米德会召开作战会议，因此让总司令哈勒克电告米德：

"开作战会议就打不成仗。"

果然，仗没打起来。

就在米德犹豫不决的时候，李将军的部队已经在忙着过河了。如果此时米德发起进攻，可以稳操胜券。但米德错过了这个最佳的机会。

14日中午，李将军的军队全部安然退回。

林肯获悉后，气得几乎暴跳如雷。他大声喊道：

"天啊！这是什么意思？敌人都已经为我所掌握，只要举手之劳就能胜利了。可是不论我怎么说怎么做，就是不能推动那支军队。在那种情况下，差不多任何将军都可以获胜。即使是我，都能打败他的！"

说到后来，林肯是太痛惜了。在痛惜之际，他不由自主地坐下来，提起笔给米德写了一封信：

亲爱的米德将军，我认为你对李将军的逃跑所造成的严重后果并未充分理解。他当时就在你的掌握之中，只要跟踪合围，再加上我们新获得的其他胜利，战争就可以结束了。而现在，战争将继续无限期地拖下去。要是你上周不能有把握地攻击李将军，现在你在波多马克河之南，兵力只有原来的三分之二，又怎么能向他进攻呢？

林肯越写越感到恼火：

现在，要指望你有多大的成就是不可能的了，而我也不再指望了。你已经错过了大好时机，这让我感到无比烦恼！

写到这里，林肯停顿了一下，怒气也渐渐消了，心里好受了一些。他觉得自己的语气有些过分严厉了，于是又补充了一段：

请不要认为我的这些话是要指控你，或是存心为难你。正因为你已经知道我对你的不满，我才觉得最好还是诚恳地将不满的原因跟你说清楚。

此时，林肯的怒气已经全消了，他便将这封信搁起来，没有发出。

这封信一直没有发出，米德也未曾读到它。直到林肯遇刺身亡后，人们才从他的文件中发现这封信。

事实上，米德将军同其他人一样抱着这样一种观点：北方不是要占领南方，而是要保卫自己。而林肯本来是希望米德能够乘胜追击，摧毁李将军的部队，而且尽可能在对方渡过波多马克河之前这样做。可米德却始终按兵不动。林肯认为，米德等到作好大战的准备时，已经没有敌人可打了，结果不出所料，李将军逃掉了。

"他们就在我手边，只需举手之劳便可抓住"，事实上却给他白白地逃掉了。

（三）

葛底斯堡战役结束后，沙场上留下了6000多名死者和2.7万余伤者。因此，教堂、学校和仓库都改为医院，因伤病痛苦的呻吟声到处可闻，每个小时中都会有几十个人死去。在那酷热的环境之下，尸体会很快腐化，埋葬工作必须赶紧进行，简直连挖坟墓的时间都没有。所以，好多尸体上面只是盖了一些土罢了。经过一个礼拜的大雨后，这些尸体又半露出来，北军的士兵只好将他们再收集起来，另外合葬在一起。

秋天很快就到了，公墓委员会决议要举行献地仪式，邀请全美最著名的演说家——爱德华·爱维莱特前来致辞。

正式邀约的请帖发给了总统、内阁阁员、米德将军、国会两院全体议员、民间著名人士以及外交使节团的人员等。在这些人当中，是极少数会答应参加的，很多人都表示不曾收到请帖。

委员会丝毫没有料到总统会来，事实上，他们也没有特别为林肯总统写邀请函，林肯也只收到了一份印制的请帖。

因此，当林肯总统写信说他要参加这个仪式时，大家都特别吃惊，同时也感到很尴尬。该怎么办呢？有些人猜测他可能太忙了，最终会根本无暇顾及，或者他根本也没什么时间准备的。甚至有人称，就算总统有时间，他也未必真的有那种本事！

的确，林肯总统是曾在伊利诺伊作过一次演说，但在公墓落成典礼上的致辞怎么会与演说一样呢？在这种场面上演说好像不太符合林肯总统的风格。

其实，这种仪式正是林肯总统所期望的最好机会，因为在这种场面上，他不但能够制服他的敌人，还可以趁机对那些光荣的亡者表示敬意。

由于请帖发来的有点迟，林肯只好在极端忙碌的两周内抽空准备了他的演说词。他简单地在一张淡蓝色的纸上打了一份草稿，并将它塞在帽子中随身携带。在致辞前的那个周日，他说：

"我起了两三遍稿，但还没完成，我还应该再修改一遍才可能满意。"

在公墓落成典礼的前一天晚上，林肯总统抵达了葛底斯堡。小镇上十分热闹，有大约15万人前来参加典礼。由于没有足够的住所，很多人只好在村庄里来回散步，等待天明。

林肯花了一晚上的时间，又重新修改了他的演说词。11点时，他又到西华德部长的住处，向他高声朗诵了一遍讲词，并请西华德提出批评。

第二天一早，林肯还在继续推敲演说稿，直到有人敲门请他前往公墓。

爱德华·爱维莱特是当天特别被邀请来的演说家，他滔滔不绝地讲了两个多小时。接下来就轮到总统讲话了。

在此之前，林肯一直在看他的演说词，现在轮到自己上台讲话了。只见他站起身，手里紧攥着那两页纸，开始以高亢的声调发表演说，偶尔还会向稿子瞟一眼：

87年，我们的先辈们在这个大陆上创立了一个新的国家，它孕育于自由之中，奉行人人生来平等的原则。

现在，我们正在从事一场伟大的内战。这场战争是一次巨大的考验，考验我们这个国家，或任何一个孕育自由和奉行上述原则的国家能否长久地存在下去。

我们在这场战争中的一个伟大战场上聚会。烈士们为使这个国家能够生存下去献出了自己的生命。我们在此集会，是为了能把这个战场的一部分奉献给他们作为最后的安息之所。我们这样做是完全应该而且非常恰当的。

但是，从更广泛的意义上来说，这块土地我们不能够奉献，我们不能够圣化它，也不能神化它。曾在这里战斗过的勇士们，不管是活着的还是牺牲了的，已经把这块土地神化了，因而远不是我们微薄的力量所能增减的。

全世界将几乎注意不到，也不会长久地记起我们今天在这里所说的话，但世人永远不会忘记勇士们在这里所做过的事。

毋宁说，倒是我们这些活着的人，应该在这里把自己奉献于勇士们已经如此崇高地向前推进但尚未完成的事业。倒是我们应该在这里把自己奉献于仍然留在我们面前的伟大任务，以便使我们从这些光荣的死者身上汲取更多的献身精神，来完成那种他们已经完全彻底为之献身的事业；以便使我们在这里下定最大的决心，不让这些死者白白牺牲；以便使国家在上帝保佑下得到自由的新生，并且使这个民有、民治、民享的政府永世长存。

与爱德华的演说形成了一个鲜明的对比，林肯总统的演说总共还不到三分钟，连站在他前面的摄影师都没来得及拍照，演讲似乎还没开始就结束了。

当林肯的讲说结束后，人们以为那不过是个序言。直到林肯坐回椅子之后，人们才明白，原来演说已经结束了，于是稀稀落落的掌声才响起来。

林肯本人对自己的这次演说感觉十分糟糕，觉得没有达到预期的效果，甚至很失败。而事实上，如果拿那一次演说对当时来说，他的确是失败了。他深深地感到，这个世界将不会重视也不会长久地纪念他在那里所讲的话，但却永远不会忘记那些牺牲的勇士们在那里所做的事。如果今日林肯能够再生，知道大多数人最纪念的演讲词恰恰就是他在葛底斯堡未获得成功的那一篇，那么林肯总统不知道会多么惊喜呢！

从葛底斯堡返回途中，林肯便开始感觉身体有些不舒服。回到华盛顿后，林肯将所有的会见都搁置一边，并将那些前来求职的要官全部拒之门外。在卧床休息期间，林肯又得到了一个消息：格兰特将军在佐治亚州大败同盟军。

第十六章　连任总统

如果你没有选择的话，那么就勇敢地迎上去。

——林肯

（一）

在1864年快要到来的时候，林肯清醒地意识到了一件重要的事情正在展开。此时，财政部长蔡斯正在迫不及待地谋求竞选总统。蔡斯不断地宣称，只有自己才是最恰当的总统候选人，也是最有资格当总统的人。

蔡斯的做法实在不算聪明，他过早地将自己置于与林肯对立的境地，在财政部安插亲信，对亲总统派进行排斥。

当时，林肯尽管因为发表《解放黑奴宣言》而受到形形色色的指责，但他同样受到方方面面的欢迎和支持。在当时，蔡斯代表的是激进势力。但是，即便是激进派的菲利普斯都认为：

"一个有勇气起草并发表《解放宣言》的总统，至少应该再执政6年。"

林肯几乎毫不费力地就在北部至少14个州的共和党会议中通过决议，保证使自己再获得总统提名。其中的俄亥俄州是蔡斯的故乡，林肯却轻而易举地获得了胜利。

对于蔡斯要获得总统候选人提名，以及他为此所耍的各种把戏，甚至对林肯的中伤，林肯都"尽可能地一概闭起眼睛"。作为财政部长，蔡斯是称职的。林肯也希望蔡斯能够努力工作，以保障国家的财政收入，因为没有钱是打不了仗的，经济也是决定战争胜负的重要因素。因此，对于蔡斯的所作所为，林肯决定暂时不予理会。

不过，蔡斯很快就为自己的欲望付出了代价，不得不提交辞呈。原因是在国会的一次发言中，有人指责财政部内充斥着腐败现象和政治上的偏心眼，那些购买棉花的许可证都被出价最高的人买走，而这些人往往都是分离主义者。贩卖许可证显然是恶劣的犯罪行为，但那些代理人却仍然在财政部任职，有些人甚至还正忙着成立蔡斯俱乐部。

林肯很理智地处理蔡斯的辞呈，但他并没有马上答复蔡斯，而是故意放了一周，然后才"抽出时间"来，"经过考虑"，回答蔡斯说：

"我发现现在确实没什么好说的了。"

蔡斯现在才体会到了林肯力量的强大，最好只好妥协。林肯也乐得顺水推舟：

"就像你对我所保证的那样，我也向你保证，我也决不鼓励和支持对你的任何攻击。"

最终，对于蔡斯是否继续担任财政部长，林肯冷冷地回答说：

"没有更改的必要。"

经过这一番风波，蔡斯竞选总统的希望破灭了。

作为民主党主战派之一的尤利西斯·辛普森·格兰特，自从1862年2月攻克唐纳尔逊堡垒和1863年7月攻占维克斯堡之后，声名鹊起，甚至在1863年底至1864年初的整个冬季，都有人在不断地为格兰特竞选总统而摇旗呐喊。具有重要影响力、长期充当一个庞杂利益集团喉舌的《纽约先驱报》也在大声助威："格兰特，人民的候选人！"其他很多报纸也都跟着随声附和。

林肯与格兰特将军一直没有见过面，只是根据在阅读和谈话中的一鳞半爪来了解这位优秀的将领。其实，格兰特是一位谦逊随和的统帅，他对自己被推举为总统候选人的声浪一时涌起丝毫不以为然。

1864年1月，格兰特给全国人民的第一条信息为：

"我只渴望得到一个行政职务。待这场战争结束后，我打算竞选加利纳市市长。如果当选，我准备在我的住所到车站之间修筑一条人行道。"

就民主党人将提名格兰特为总统候选人这件事，《莱斯利周刊》曾刊登了这样一则新闻：

"没有任何其他事情可以妨碍总统的再度当选，除非民主党人提名格兰特将军为总统候选人，尤其是当他攻下里士满之后。"

为此，不少朋友都为林肯感到忧虑，曾多次提醒林肯要提防这位堪与他匹敌的常胜将军。

但林肯的私人秘书约翰·海曾转达了总统的答复：

"如果格兰特能够攻下里士满，那就让他当总统好了。"

同时总统还表示：

"如果格兰特将军当选总统可以更有利于镇压叛乱，我赞成由他来当选，他需要保证完全忠于我们解放黑奴和使用黑人士兵的政策。如果这项政策得到贯彻，谁当总统都一样。"

格兰特获得这一消息后，深为林肯总统的豁达大度、不计较个人得失的高尚情操而感动，因此决定前往华盛顿一趟，一方面去接受最高军衔，另一方面也可会晤一下久仰英名的林肯总统。

（二）

1864年3月初，格兰特在参谋长约翰·罗林斯的陪同下前往华盛顿，沿途受到了无数群众的热烈欢迎。

几天后，在参议员的陪同下，格兰特进入白宫，向总统汇报军情。

这天晚上恰好是总统举行每周一次的例行招待会。宽敞的白宫东厅内人声鼎沸，人们都在议论着格兰特将军即将到来的消息。这时，待格兰特大步流星地步入大厅，人们顿时鸦雀无声，随后纷纷退向两侧，在中间闪出一条通道。

林肯总统闻讯后，马上迎上前去，伸出一双大手紧紧地握着格兰特的手，诚恳地说：

"将军，我见到你很高兴。"

格兰特将军也立即彬彬有礼地向总统致谢。

随后，林肯将格兰特介绍给国务卿西华德。这时，人们渐渐都涌上来，将这个身材矮小、相貌普通的将军团团围住，向他尽情欢呼，争着与他握手。这个在诸多战役中都所向无敌的将军，此刻竟然紧张得汗流满面，腼腆得像个大姑娘。

格兰特在接受勋章后，又在华盛顿待了四天，然后便禀告总统将去西线九天，再回到东线司令部直接指挥作战。这次，格兰特被正式任命为陆军总司令。在履新的当晚，格兰特便动身上前线去了。

然而这一年的6月3日，在科尔德港战役中，由于错失战机，格兰特所率领的部队付出了惨重的代价。在格兰特对南方军发动的进攻刚刚开始一个小时，他手下的7000多名战士就倒在了战场上，而不少战士是在战斗开始的前几分钟倒下的。这次战役成为格兰特将军最为懊恼的经历。

消息传到华盛顿，巨大的伤亡令不久前对格兰特的欢呼为咒骂所代替，他被骂为"屠夫"。这也给林肯带来了巨大的麻烦，因为还有几天就要召开巴尔的摩代表大会了，而格兰特是林肯试用的"堵漏塞"。

尽管如此，林肯依然深得民心。而且，格兰特的失利从另一方面来说对林肯的竞选也是有利的，因为格兰特倘若一路畅通地攻下里士满，他就会必然成为民主党推举的总统竞选人，并最终赢得选举。

当然，林肯内心还是希望自己可以连任的，为此他也一直没有放弃努力。

6月7日，全国联邦党在巴尔的摩举行代表大会，会议选举了总统候选人。当问到"对于亚伯拉罕·林肯将成为总统候选人，谁有疑问吗？"话音未落，全场便爆发出了一阵暴风雨般的掌声，震撼着整个会议大厅。

最终的投票结果显示，林肯与安德鲁·约翰逊的得票最高。约翰逊是一位来自田纳西州的民主党人，也是所有民主党主战派中最为能干的人物。他曾为使田纳西州能够重新回到联邦怀抱而做了大量的工作，因此给人们留下了很深刻的印象。

第二天，林肯总统在回答通知他再次被提名的委员会时说：

"我既不掩饰我的满心喜悦，也不抑制我的感激心情。"

然而在7月18日，林肯发布了50天内征募50万志愿兵的公布，令人们再次对他不满起来。

这是据国会7月4日通过的征兵法进行的。该法令授权总统可以随时为军事工作自行征募任何数量的1—3年的志愿兵。由于战争中士兵损失惨重，此刻正是格兰特需要人的时候；但因军队无所建树，此刻又是人们对军队最为不满的时候。所以，林肯的征兵令无疑引发了北部人民强烈的不满情绪。有些激进的政敌也开始宣称林肯该杀。有一天晚上，林肯正骑着马前往"士兵之家"总部时，就有一个刺客对他开了枪，其中的一颗子弹居然穿过了林肯的丝质高帽！

尽管共和党刚刚提名林肯第二次连任，但现在他们觉得做错了。党内的几位最出色的人物都力劝林肯退出，其余的人也曾这样要求过。他们想要再召开一次会议，公认林肯失败，并取消他的提名，另外推举一个得票次多者代替候选人。

林肯自己也觉得自己是毫无希望的了，而且他根本就不做第二次竞选的打算了。他失败了，他的将军们失败了，他的战略也失败了。人们对他的领导才能失去了信心，他也担心联邦本身将惨遭毁灭的厄运。

1864年的整个夏天，林肯与三年前伊利诺伊州的那个体格魁梧的巨人比起来简直判若两人，他的身体和精神都发生了很大的变化。他的笑声一天比一天少，脸上的皱纹一天比一天深，他还患上了慢性消化不良症，他的双脚常常发冷，几乎不能安眠，经常带着满脸的愁容……

"这场战争正在折磨着我。"林肯说。

他的朋友们都担心他的健康和精神，因此劝他休一次假。

"两三周的休假对我来说我根本没用的"，林肯说，"我逃不过我的思想，我几乎不知道该如何休息。令我疲乏的因素，在我的心中是无法对付的。"

就在这个时候，格兰特又失去了一次攻占彼得斯堡的好机会，造成了大量的人员伤亡，这令林肯的支持者们更加不安起来。许多人认为，此时应该努力与南方和平解决争执。

（三）

1864年这个可怕的夏天终于过去了，而秋天的到来也为林肯带来了好消息：西线最高指挥官谢尔曼攻破亚特兰大，正在进军佐治亚。

这个消息令全国一下子欢腾起来，人们纷纷走上街头，庆祝前方的胜利。

几乎与此同时，海军在莫比湾也获得了胜利。

这时的李将军已经不敢再贸然出兵了。于是，格兰特便对彼得斯堡和里奇蒙进行了层层包围……

南方联盟快要垮台了！

这两次军事上的胜利，令国内的政治形势一下子变得对林肯有利起来。林肯的将领们如今也开始占据上风，林肯的政策被也证明是可行的。

11月8日这一天是全国大选日。这天，白宫里"冷冷清清，几乎看不见人影"。天气阴沉沉的，不久又下起了大雨。由于受到暴风雨的影响，电报的线路不能正常工作。但根据断断续续打来的电报显示，选举结果与几周前所作的估计相接近。

将近午夜时，有人推断，林肯已经再次当选了。而林肯对这件事则表现得十分平静，既没有洋洋得意，也没有情绪激动，他只是说：

"我感到十分高兴，我对人民裁决得这么完美、清楚和明确无误，以致无可争议，又感到深深的谢意。"

凌晨2时，林肯起身离开了陆军部，在门口遇到了一队铜管乐歌手。这时，狂风暴雨也已经停息，人民纷纷向他欢呼雀跃，要求他发表讲话。林肯总统即兴说道：

> 我真诚地相信，即使这次选举结果还算不上真正拯救了国家，对国家也会有长远好处的……我不会去责怪人家反对我的动机。对我来说，战胜任何人都不是什么痛快事儿。不过，选举结果倒是证明了一点，即人民决心站在自由政府与人权这一边。

决定重大命运的一天很快便过去了，选举的结果已见分晓，人民的抉择也已经作出。这场规模巨大、损失惨重和令人厌恶的战争，是否还应在与战争开始时相同的那个人领导下继续进行下去呢？在这个风雨交加、电报系统失灵的晚上，人民再一次向林肯作出了肯定的回答。格兰特将军在获悉林肯连任的消息后，特地打来贺电说：

"对国家而言，这次胜利比战场上获得的任何一次胜利更有价值。"

11月10日晚，林肯在白宫接待了一支贺喜的游行队伍，并向大家致了答谢词：

"这次选举是必要的。不进行选举，我们就不可能有自由的政府。如果这场叛乱能够迫使我们提前或推迟全国大选的话，那么可以断言，它已经征服和打垮我们了……黄金诚然可贵，但生气蓬勃的勇敢爱国者却比黄金更加可贵。"

在讲话结束后，林肯还提议向英勇的陆海军士兵和他们富有经验的指挥官们欢呼致敬。随即，群众中便爆发出一阵热烈的掌声和欢呼声。

林肯再度当选总统的消息很快便传遍了全世界，美国西部各州、纽约州和宾夕法尼亚州都一致称颂林肯"这个怀有崇高目标和具有极其顽强精神的精悍农民表达了他们的决心。尽管他遭到品头论足的指责，攻击他好压制，有时他的确也遭到了失败；尽管他粗鲁笨拙，有时缺乏当机立断的才能，但他仍然不失为这个正在为自己的生存而进行斗争的国家的最好代言人。"

国外一些被称为自由主义者的政治派别，对林肯的再次当选也是赞扬备至。法国的《辩论日报》中就写道：

"这是第一次让拥有普选权的人民对赞成或反对继续进行这场痛苦的战争所作出的具有决定意义的直接表态。"

11月22日，美国驻巴黎领事比奇洛写道：林肯再次当选的"意义甚至比在美国所认识到的更为重大……在人们眼里，这比美国革命以来所发生的任何事件都更值得全国人民铭刻在心"。

事实证明，格兰特将军说对了，11月的总统选举要比打一次大胜仗更为重要，因为它回答了很多问题。战争会继续下去吗？是的，而且要比以前更加残酷无情地进行下去；征兵会继续下去吗？是的，而且不会再遭到像以前那么多公开的反对；要求言论和新闻自由的人怎么样了呢？虽然他们还不曾抛弃老习惯，但已不再那么吵吵嚷嚷恶语伤人了，甚至有些人因此而有些目瞪口呆，处于一种无可奈何的境地了。

总而言之，人民推举林肯，实现了他的愿望。他对未来也充满信心，决不再让他的人民失望。

有一次，林肯正站在台上滔滔不绝地进行演说，突然，他的助手递给他一张纸条。林肯打开一看，上面只写着两个字"傻瓜"。林肯知道这是有人在捣乱，但他却没有生气，而是笑着对下面的听众说："先生们，女士们，过去我经常接到许多忘记签上自己名字的纸条，但是今天我却收到了一张光有'签名'而没有其他内容的纸条。"

第十七章 在胜利的日子里

要感谢生活中的逆境和磨难！

——林肯

（一）

1865年3月4日中午时分，在国会大厦前举行了林肯总统第二次就职典礼。

这一天，天空下着蒙蒙细雨，大街上刮着阵阵寒风，但这丝毫没有阻止人群涌入国会大厦的门廊。

人海中爆发出经久不息的雷鸣般掌声和欢呼声，林肯总统同应邀出席的各界知名人士一同登台。接着，林肯走到前列，宣读第二次总统就职演说。全场鸦雀无声，人人都凝神倾听在这一庄严时刻所发表的具有历史意义的演说：

……四年前我在就任总统时，人人都忧心忡忡，内战迫在眉睫……一方宁愿开战也不肯让国家生存下去，另一方则宁可应战也不愿听任国家毁灭。于是，战争爆发了。

我国人口的八分之一是黑奴，他们并不是遍布整个联邦，而是集中于南方。这些奴隶形成一种特殊而重大的利益。大家知道，这种利益可说是这场战争的导因。为了加强、永久保持并扩大这种利益，反叛分子不惜以战争来割裂联邦，而政府则只要求有权制止他们地盘的扩大……如果上帝的旨意是要让战争继续下去，直到把250年来奴隶无偿劳动所积聚的财富化为乌有，直到用鞭子抽出来的每一滴血都要用利刃砍出来的另一滴血来偿还，那么3000年前人们说过的一句话，我们就必须重复一遍："上帝的裁判总是公道正确的。"

我们对任何人都不怀恶意，对一切人都持宽容态度，坚持正义，因为上帝让我们懂得正义。让我们继续奋斗，努力完成我们正在进行的事业，包扎好国家的伤口，关怀肩负战争重担的人们和他们的孤儿寡母，努力实现并维护我们相互之间、我国与各国之间的公正、持久的和平。

当林肯念到最后一段时，许多人的眼中都噙着泪水。林肯再一次庄严地将他的左手放在摊开的《圣经》一页上，举起右手，跟着首席法官蔡斯复诵就职誓词。

林肯在非常时期所作的连任总统就职演说，同样也具有划时代的意义：它既是复仇的怒吼，又是福音的祈祷；既是继续战斗的号角，又是娓娓动听的说教——仁智互见，各取所好。

而此刻在前方的战场上，格兰特将军不负众望，向南方同盟军发起了一次又一次的猛攻，以压倒优势的兵力和源源不断的后援痛击李将军的部队，令战争形势得到了根本性的扭转。

到了这个时候，人们对怎样进行战争的争论逐渐减少了，战争机器运转的故障也逐渐减少了，提请林肯总统最后决定的复杂军事问题相应地也减少了。在参众两院的会议上，大家几乎不再提到这场战争的内容，讨论的问题是怎样进行建设，重振联邦的经济。

与北方的有条不紊恰好相反，南部此刻是士气低落。种植场主阶级已经看到了他们的末日即将到来的迹象，虽然这些迹象还没有表明他们将怎样垮台，但足以表明他们不会有什么好下场了。在1865年初，战争形势更是进一步恶化，整个南方都处于一种绝望的状态之中。

此时，北方的主和派也开始活动起来。一些人雄心勃勃，认为只要处理得当，和平事业是大有希望的。而这也恰好迎合了南方的心理，于是双方又开始了一轮和平接触。

对于主和派的观点，林肯认为，要实现南北和平，就需要遵循三个必不可少的条件：

：一、在所有各州恢复联邦的权力；

二、合众国总统对奴隶制问题的立场，决不能从总统最近致国会年度咨文和先前的文件中对这个问题所持的立场后退；

三、除非对方停止战争和解散一切反政府军队，否则决不停止对敌行动。

林肯所提出的这三个条件遭到了南方的拒绝。此后，林肯还亲自会见了南方特使，并且态度更加明确。他表示：反叛的各州最好马上回归联邦，不要再企图侥幸取胜，让战争无限期地拖延下去，增加国会的仇恨情绪。

然而这次会谈并没有取得让双方都满意的结果。当南方同盟的特使带着他们的会谈报告回到南部时，里士满人心惶惶，乱作一团。南方同盟的杰弗逊·戴维斯总统说，他宁可含羞受辱，也不愿重新联合，并且扬言同盟将"在不到12个月的时间内迫使北方佬按照我们的条件向我们求和"。

　　会谈没有结果，北方又开始向南部发动了大规模的进攻。1865年2月，谢尔曼挥戈北上，3月21日在北卡罗来纳州与格兰特的军队会师，实现了南北铁骑合围。

　　前方不断传来好消息，让林肯想亲自到前线去视察一下格兰特的军队，同时也是为了能够暂且摆脱华盛顿繁忙的日常工作，与格兰特一起研究一下结束战争的条件。

　　一路上，林肯亲眼目睹了两军血战的情景。他看到联邦军发动反攻的地方，身着蓝色、灰色军服的尸体无声无息、横七竖八地堆在一起。伤员更是比比皆是，有的在喘气，有的在呻吟……

　　林肯看到这一切，除了满脸的悲伤外，没有发表任何意见。

　　到了格兰特的司令部后，林肯休息片刻，便向格兰特及围坐在四周的参谋人员谈起政府遇到的种种困难，以及在战争失利的情况下财政和外交的窘迫处境等。但是，人民坚定的爱国主义、北部忠诚的献身精神和军队优秀的战斗素质战胜了这一切困难。当格兰特问道：

　　"总统先生，对于我们事业的最后胜利，你怀疑过没有？"

　　林肯欠了欠身，右手做出了一个强有力的手势说：

　　"从来没有。"

　　第二天，林肯检阅了部队。

　　3月28日，林肯总统与格兰特、谢尔曼，以及海军少将波特将军等人，在总统乘坐的"女河神号"船上召开了一次例会，主要是讨论怎样打胜最后一场血战，以及一旦叛军被击败，将怎样处置他们。

　　林肯总统说，自己已经做好了准备。并告诉三位将军，他们要做的就是奋力打败敌军，让同盟军士兵回乡务农经商。等战争结束后，立即着手整顿南部的民政事务。

　　会议结束后，林肯非常直率地问谢尔曼：

"你知道我为什么看中你和格兰特吗？"

"我不知道，林肯先生，您一直对我关怀备至，远远超出我所应得的待遇。"谢尔曼恭敬地回答说。

"告诉你，因为你们从不对我挑剔。"林肯也诚挚地说。

（二）

1865年4月2日这天，南方同盟总统杰弗逊·戴维斯正端坐在教堂的圣坛下面，一位经过长途跋涉、满身泥浆的副官跳下马来，递给他一份文件，是罗伯特·李将军写来的信。

李将军在信中说：

"我建议做好一切准备，今晚就撤离里士满。其他视情况发展再告。"

在这之前，格兰特将军所率领的北方军队已经对里士满围攻了9个月了。李将军的军队在这里是痛苦难熬。他们几乎领不到薪饷，即使能领到，也是南方同盟政府的纸币，现在几乎不值钱了。买一杯咖啡要三块钱，买一根火柴就要五块钱，而买一桶面粉则要一千块钱。

在给同盟总统戴维斯写完汇报信后，李将军的军队放火烧掉了城里的棉花和烟草仓库，还焚毁了兵工厂，捣毁了码头上尚未完成的船只，并趁着晚上的烟火从城里逃了出去。

就是在这天晚上，戴维斯带着他的阁员与其他官员一同乘火车离开了他们的首都，离开总统府，并于次日下午抵达弗吉尼亚州的丹维尔。

4月3日上午，联邦将领戈弗雷·韦策尔将军在市政厅接受了里士满叛军的投降。下午，他的部队平息了骚乱。随后，韦策尔将军致电陆军部：

"我军于上午8时一刻占领了里士满。"

林肯一听说军队已经占领了里士满，马上动身前来视察。在这温暖的4月里，总统一行人在满是尘土的大街上走了将近3.2千米才到达里士满的市中心，来到南部同盟的总统府。

这一路，林肯总统走得浑身尘土，满头大汗，他累得一屁股坐在长桌旁的一把椅子上，第一句话就是：

"请给我一杯水。"

当林肯得知他所坐的那把椅子就是杰弗逊·戴维斯坐过的，那张桌子也是戴维斯处理文件时用过的，他感到这一切都很有趣。

李将军的军队在2日晚上刚刚逃出城，格兰特率领的7.2万士兵便从两侧和后面紧紧追了过来，而前面又有谢利敦所率领的骑兵拦截，堵住铁路，夺取了他们的补给列车。

这时，谢利敦给总部打电报汇报情况：

"我想如果现在乘胜追击，李将军必定投降。"

林肯马上回电：

"那就继续追击下去！"

果然，在追击了约64千米后，格兰特终于将南方军队团团包围起来。

在腹背受敌、四面楚歌的困境中，李将军几次突围失败后，希望渐渐破灭。最终，李将军只好通过信函试探格兰特请求投降，而这也与格兰特"在不再死一个人的情况下解决种种难题"的愿望不谋而合。于是，格兰特将军当即复函，将会晤地点通知了李将军。

4月9日下午，在一所简陋的小砖房里，格兰特和罗伯特·李两位将军见面了。

其实早在20年前，格兰特与李将军两人在美国与墨西哥作战期间，都在正规军里担任军官。所以，两人这次相见后也很客气，并一起回忆了好多年前的日子，包括在墨西哥边界过冬时的情景，通宵打牌的事，等等。

"我们的会谈越来越有趣了，"格兰特记载着，"以致我都几乎忘记了我们这次会谈的真正目的。"

最终，李将军将话题转移到投降条件上来了，但是格兰特并没有正面回答他，他的心还在不断回忆20年前的往事。

如果不是李将军第二次打断他，格兰特可能整个下午就这样一直回忆往事了。

于是，格兰特提起笔，潦草地写下了投降的条件。

格兰特写下的条件，对南方军来说很宽容：李将军的军官们被获准保留军械，而士兵们则可释放回家。每个要求马匹的士兵都可以获得，并可骑回自己的农庄或棉花田中去，重新回去耕种家园。

为什么投降条件如此宽大？因为这是林肯总统亲笔列述的条文啊！

下午3点45分，罗伯特·李对格兰特所提出条件写下接受书并签了字，从而完成交出军队的文件手续，剩下的仅仅是清点人数和搜集枪支了。

至此，一场南方同盟与北方联邦的内战，在付出了60多万人的生命代价后，终于以林肯为首的北方联邦政府获胜而告终。

（三）

第二天黎明时分，隆隆的礼炮声响彻了华盛顿的上空。街道上人群如海，歌声似潮，欢呼声在空中不断地激荡。主战和反战的人们都在一起欢庆胜利，高呼联邦万岁！林肯万岁！格兰特和谢尔曼万岁！

从1861年4月中旬到1865年4月中旬，南、北双方共征召兵员300万余人，阵亡的将士和伤病死者约有62万人，其中南方26万人，北方

36万人。如今战争终于结束了，人们有理由尽情地去欢呼，去讴歌他们的领路人。

4月11日，林肯总统在白宫门前发表了一次演讲，旨在开诚布公地向全国讲清楚，希望在国会开会前能使大多数人民同他站在一起。他说：

"我们今晚不是在悲哀里，而是在衷心的喜悦中集会，这一切都归功于格兰特将军，归功于他的英勇善战的官兵们……恢复国家权力，重建南部，这是我们从一开始就着重考虑的问题。现在我们已经获得了胜利，那么这个问题比过去更加迫切地需要我们给予注意。重建南部，困难重重。这场战争同独立国家之间的战争不一样，对方不存在我们可与它打交道的权力机构，没有一个人能有权代表任何其他人放弃叛乱。我们必须从那些没有组织的、意见不一的分子入手，把它们捏到一起。"

的确，战争虽然是结束了，但内战所遗留下来的问题却需要政府花费大量的时间和精力去解决。比如关于如何对待被打败的南方同盟分子的问题，许多高级官员都坚持要对他们进行惩罚："他们罪大恶极"，如果不给予惩罚就让他们回到联邦，那影响简直太坏了，而且后患无穷。

但对这个问题，林肯却主张"应在尽量保全那些反政府叛乱分子的面子的前提下，迅速着手重建工作"。

总统的这一观点也得到了北部大多数人民和全体士兵的支持。格兰特将军也相信总统的观点是正确的。就连谢尔曼，这个早前比其他任何人都赞成对南部实行惩罚和摧毁军事战略的将军，现在也断然赞成采取温和、亲善的和平政策来解决问题。

当林肯被问及他将如何处置南方同盟政府首脑杰弗逊·戴维斯时，他讲了一个故事：

　　"当我住在印第安纳州还是个孩子的时候，有一天早晨，我到一个邻居家去，发现在邻居家有一个个子跟我差不多高的男孩，正用一根绳子牵着一头浣熊。我问他在干什么，他回答说：'这是一头浣熊。爸爸昨晚捉到了六头浣熊，除了这个可怜的小家伙之外，其余的五头都被杀了。爸爸让我把这头小熊守到他回来，我担心他把这一头也杀掉。唉，亚伯，我多么希望它跑掉呀！''噢，那你为什么不把它放走呢？''那可不行，要是我把它放走，爸爸就会揍死我的。但是，如果它跑掉，那就什么事也没了。'"

　　说到这里，林肯顿了顿，然后说：

　　"现在，如果杰弗逊·戴维斯之流自己跑掉的话，那么也就什么事都没了。但是，如果我们逮住了他们，又把他们放走，那么，'爸爸就会揍死我的'。"

　　此时的杰弗逊·戴维斯，那个誓言"定将获得独立"的家伙，正在北卡罗来纳州举行南部同盟的最后一次会议。他执笔写了一封代南部军队向谢尔曼请求投降的询问信，随后南部同盟内阁被解散，他向着更南的方向逃窜而去。

　　戴维斯是民主党人，也是大奴隶种植场的奴隶主，曾经参加过墨西哥战争，还担任过联邦政府的陆军部长，是南部叛乱的主要策划者。在林肯总统被刺后，5月10日，他在佐治亚州伊尔文维尔被捕入狱，后来被约翰逊政府释放，没有受到任何惩罚。

1836年，林肯通过了律师考试，成为一名律师。由于精通法律，口才很好，林肯在当地很有声望，许多人都来找他帮忙打官司。但他为当事人辩护只有一个条件，就是当事人必须是正义的一方。许多穷人没有钱付给他劳务费，但只要告诉林肯："我是正义的，请你帮我讨回公道。"林肯就会免费地为他们辩护。

第十八章　领袖之死

失败者任其失败，成功者创造成功。

——林肯

（一）

在美国内战进行的几年当中，各种势力都在进行着殊死的搏斗，这也令林肯总统身边时刻都有死亡的阴影伴随。

在林肯的办公室里，有一个大大的信封，上面注明"暗杀"的字样。这个信封里面收集的，全部都是林肯接到的恐吓信。截止到1865年3月底，装在这个信封中的恐吓信就有80多封。林肯对国务卿西华德说：

"我知道我每天都处于危险之中，但我不想把这种恐惧放在心头。"

4月14日这一天是西方的耶稣殉难日，这天林肯预定的日程是：8点以前办公，然后进早餐，11点内阁开会前接见来访者；午餐后再接见客人；傍晚偕夫人乘马车兜风，同伊利诺伊州的旧友非正式会晤，最后与夫人和几名随从去剧院。

这天上午11时，林肯按照日程安排召开了内阁成员会，从前线返回华盛顿的格兰特将军也应邀参加了。在会上，林肯总统谈到了他对南方重建法律、秩序和新的州政府等问题的看法。林肯兴致勃勃地说：

"我感到很幸运的是，这场大叛乱恰逢国会休会时被粉碎了，这就让国会中的捣乱分子无法再干扰我们了。如果我们明智而又谨慎，我们就能推动各州重新行动起来，使各个州政府都能卓有成效地开展工作，从而令国会在12月复会前得以恢复社会秩序和重建联邦。"

会议开完后，林肯总统邀请格兰特夫妇晚上与自己一起去看戏。

下午2点左右，林肯召见了副总统安德鲁·约翰逊，让他熟悉自己的重建方针。

随后，林肯偕同夫人一起乘马车出去兜风。当马车一路奔驰时，总统谈起了今后4年在华盛顿的计划。他还希望将来能够出国旅行一次，然后回到斯普林菲尔德，也许会重新干回他的老行当，去当律师，或者在散加芒河畔的草原上经营一个农场。

傍晚，林肯步行来到陆军部。这时，他做了一件或许是他破天荒第一次做的事情。

在以往，当有人告诫林肯总统要注意自己的安全时，他总是一笑了之。不过这一次是林肯首先提出这个问题的。他对警卫员克鲁克说：

"克鲁克，我相信有人想要谋杀我，你知道吗？"

过了一会儿，林肯又自言自语地说：

"我毫不怀疑，他们会这样干的。"

在谈到计划晚上去看戏时，林肯说：

"既然已经登出广告说我要去那里，我就不能让人民失望，否则我是不去的。我并不愿意去。"

对此，当时林肯身边的人都没有在意。

晚餐后，林肯一扫白天的闷闷不乐而又严肃的表情，情绪开始高昂起来。陪同总统和总统夫人乘马车一同前往剧院的有斯坦顿派来陪伴总统的亨利·里德·拉思伯恩和他的未婚妻克拉拉·哈里斯小姐。拉思伯恩是一位志愿兵少校，也是一个在陆军部里颇受信任的武官。跟随林肯总统一同前去的卫士是约翰·帕克，他是从首都警察部队派来白宫担任保卫工作的4名军官之一。帕克的任务就是对总统寸步不离，严密地监视可能暗算总统的任何人。他事先已经对剧院进行了检查，并没发现什么可疑点。

晚上9点左右，林肯一行人进入福特剧院，然后由一个引座员带着他们分别走向包厢。在座的1000多名观众看见或听说总统来了，都一起鼓掌欢迎。许多人都站起来，有的还发出欢呼。林肯不时地停下来，向这些热烈欢迎他的观众致意。

当天晚上，剧院演出的是英国剧作家托姆·泰勒14年前的剧本《我们的美国亲戚》。总统看戏总是很投入，这次也一样，他看得兴致勃勃，丝毫没有觉察危险正在悄悄靠近。

（二）

在演出期间，约翰·帕克的任务和职责就是保护总统的安全，片刻也不能离开通往包厢的那道门或通往楼厅的那道门旁。但不知是由于演出换幕的间歇，还是剧情不够精彩，抑或由于贪饮随身带的威士忌酒，他竟然擅自离开了岗位，下楼到街上和几个同伴喝酒去了。

而帕克的这一疏忽，给了伺机下手杀害总统的"不速之客"以绝佳的可乘之机。

戏还是要继续演下去的，观众们都在等待下一幕开演。下一幕是什么呢？那将是雷鸣海啸，是火山喷发，是最令人难以想象的悲剧。当这一悲剧传开，整个世界都将为之震动。

剧院里的人谁都没有注意到，就在这个时候，一位名叫约翰·威尔克斯·布斯的"不速之客"已经穿过外面的大门，进入一条狭窄的过道中。

布斯是一个相当具有魅力的演员，同时也是南方联盟的热爱者。他事先在林肯总统包厢的门上钻了一个小小的窥视孔，想通过这个小孔了解包厢内总统的一举一动。还在楼厅通往总统包厢的门后挖了一道槽痕，以便用木板将门堵死。另外，他还写了一封长信，说明他谋杀总统是出于爱国心。他将这封信交给了一个演员，要他第二天拿出去发表。

晚上10点10分左右，布斯按照事先的计划进入通道，将通道的门顶住。这时，通道里空无一人，帕克刚好离开。布斯蹑手蹑脚地靠近包厢门，通过事先打好的小孔观察包厢里的动静和扶手椅上他将要暗算的人。

过了一会儿，布斯轻轻拉开门，走近自己的目标。他的右手握着一支铜制单发大口径袖珍手枪，左手持着一把匕首。接着，他慢慢地举起枪，伸直右臂，瞄准相距不到1.5米的那个人的后脑袋扣动了扳机。

只听"砰"的一声，一颗子弹射向林肯总统的头部左侧，从齐耳高，距左耳7.6厘米的地方射入后脑。子弹斜着穿过总统的大脑朝向右眼方向，最后停留在右眼眶后几厘米的地方。

听到枪声，拉思伯恩少校腾地从椅子上跃起来，发现不远处烟雾弥漫，并看到一个陌生的家伙正站在包厢门与总统之间。拉思伯恩少校猛地扑上去，布斯则挥动匕首向拉思伯恩少校猛砍过来。

此刻的布斯就像一头张牙舞爪的野兽一般，脸上杀气腾腾，一双凶狠的眼睛瞪视着。他恶狠狠地对准拉思伯恩的心窝猛刺过去，拉思伯恩用右手臂一挡，匕首深深刺入了他的手臂，他的身子向后晃了一晃。恶虎般的刺客布斯乘机跨上包厢的围栏。

这时，拉思伯恩再次回过身来，向布斯猛扑过去，一只手拽住了他。布斯转身向拉思伯恩猛刺了一刀，随即纵身往下跳。但装饰包厢的联邦锦旗缠住了他马靴上的马刺，让他一下子失去了控制，从3米多高的地方跌落到舞台上，左脚脚踝上侧的胫骨被折断了。

布斯顾不得腿痛，站起身来便一瘸一拐地向前奔逃。后面传来一声声大声地呼喊：

"抓住他！"

"抓住凶手——"

观众们突然发现一个人从前排池座跳上舞台，紧追一个在前面狂奔的人。这个在后面穷追不舍的人，就是受伤的拉思伯恩少校。

刺客布斯以惊人的速度从两个演员之间冲过了舞台，箭似的射向一个入口处，又狂奔到一扇小门边。出了小门后，便是一条窄小胡同，那里此时正有个人牵着一匹栗色的骏马在等他。

布斯一脚将那人踹开，翻身跃上马，随着一阵"得得得"的马蹄声后消失得无影无踪。从子弹射出到刺客逃走，总共也不过六七十秒的光景。其速度之快，路途之熟，令人叹为观止；而其计划之周密，手段之狠毒，更是令人瞠目结舌。

就在这1分钟左右的时间里，林肯夫人毛骨悚然的惊叫声突然响彻了整个大厅：

"天啊！总统遇刺！快来救人！"

200多名士兵迅速赶来封锁了现场，拉思伯恩少校追赶凶手不着，便不顾自己受伤后鲜血直流、疼痛难忍的胳膊，返身回来叫喊着寻找医生。他先拔下那根顶着门的结实的小木棍，推开小门，又推开了一大群的观众，只带进了一个满脸络腮胡子的合众国志愿兵助理外科医生查尔斯·利尔。

23岁的利尔大夫在众人的协助下，将歪在椅子上一动不动、低垂着脑袋的林肯总统抬起来平放到地板上。利尔大夫熟练地翻开总统的眼皮，诊断为脑损伤。他又迅速扒开血块已经凝结的头发，发现了一处枪弹伤口，于是轻轻地剥除凝血块，以减轻这些血块对大脑的压力。这时，林肯才发出了一丝微弱的呼吸，脉搏隐隐有些起伏。

很快就又来了两位医生。检查结果证明子弹是从头部左侧射入的，到达靠近右眼的地方，没有出来。总统被一致认为受了致命伤。在进行了一番促进心脏跳动的抢救工作后，总统的脉搏和不均匀的呼吸才有了好转。

大约在10时45分左右，即距离开枪不到半小时的时间，几个人七手八脚地将这位受了致命伤的"人类之友"抬到福特戏院对面最近的第十街453号彼得森先生家的房客威廉·克拉克租用的房间中，安放在一张简易的木床上。

在稍事休息后，医生给总统脱下衣服，从头到脚检查了一遍，没有发现另外的伤口，只是下肢逐渐开始变凉。医生们虽然采取了一些医疗措施，无奈总统的呼吸越来越困难，左眼瞳孔也异常收缩，右眼瞳孔则不断扩大，两眼对光反射完全消失，完全失去知觉，偶尔喘一下粗气，也显示呼吸十分不畅。

凌晨2点时，医生曾试图找出射入总统头部的那颗子弹。但过了一会儿后，他知道再找下去已经没有意义了。

这一夜，是美国历史上最为可耻的一夜，总统受了致命伤，奄奄一息，而国务卿西华德的家中也出事了。西华德家中至少有七人受伤，西华德因为生病躺在床上，也被刀刺成了重伤。

林肯总统的最后一次呼吸是在1865年4月15日的上午7时21分55秒，最后一次心脏跳动是在7时22分10秒。在这一时刻，一颗伟大的心脏停止了跳动。亚伯拉罕·林肯，这个与闪电和长虹为伴，在荒野草原中成长起来的孩子，这个名字与全世界人民争取自由和解放的斗争紧紧联系在一起的传奇式人物，与世长辞了。

（三）

1865年4月15日，林肯总统遇刺身亡的噩耗传开了，华盛顿上空丧钟响起，久久回荡。纽约、波士顿、芝加哥、斯普林菲尔德以及所有的都市和村镇，都是丧钟长鸣。人们降下半旗，将鲜艳的彩旗和红、白、蓝三色花饰取下，换上和挂起黑纱或黑色饰物，以示对这位伟大总统的哀悼。

在无比沉痛之余，人们不禁要问：到底凶手是谁？

4月15日这天一早，世界一流的莎士比亚戏剧演员埃德温·布斯正躺在床上休息，一位仆人进来告诉他，他的弟弟约翰·威尔克斯·布斯开枪打死了总统林肯。现在，陆军部已经到处张贴他的姓名和照片，悬赏5万美元缉拿归案，生死不论。

约翰·威尔克斯·布斯出生在离巴尔的摩40千米的一个农场主家庭中。当南部各州脱离联邦时，他曾作为一个崭露头角的演员而流窜到北部，在北部各地巡回演出。

1864年，布斯因为嗓子出了问题，演出的次数比以前少了。他看到战争正在激烈地进行，南部也逐渐败退，而自己却过着安稳舒服的日子，内心充满了谴责。于是，他冥思苦想出一个办法，想以实际行动来拯救南部的事业，同时也要让全世界看一场惊心动魄的演出。

1864年11月，布斯在探望姐姐爱莎时，曾交给她一封信。信的内容如下：

我是对还是错，上帝自会作出裁判，凡人无权裁判。不管我的动机是好是坏，但我确信这一点：北部将遭到人们世世代代的谴责。

我始终认为南部是正义的。4年前，林肯被提名为总统候选人这件事，清楚地说明将要爆发战争，反对南部的权利和制度的战争。林肯的当选证实了这一点。

这个国家是为白人，而不是黑人建立的。

我过去就像现在这样认为，只有那些废奴主义者才是这个国家的卖国贼，整个共和党都应遭到像老布朗（美国废奴运动杰出领导人，领导奴隶起义，后来被捕，于1859年处以绞刑）一样的下场。

我曾竭力探索过，既然我们的国名合众国和《独立宣言》都规定可以脱离，那么究竟还有什么理由可以否认一个州脱离的权力？但现在没有时间多谈了。

我只热爱南部，我认为设法使此人成为我们南部的囚犯并不是一种耻辱，他是使南部遭受无穷灾难的罪魁祸首。

一个同盟成员责无旁贷地在自愿尽职。

约翰·威尔克斯·布斯

1865年4月14日前，布斯大部分的时间都住在华盛顿。他经常外出东奔西跑，至于到底在干什么，没人能知道。其实，他正在潜心观察林肯的生活方式，并发现了林肯经常看戏这一习惯。于是，布斯便经常到林肯光顾的两个剧院格罗弗剧院和福特剧院，在那里混得很熟。他熟悉剧院里的每一个进出口、每一扇窗、每一个拐角、每一个大厅、每一间休息室和每一条过道。

4月14日上午，布斯在福特剧院听说白宫派人来为总统预订了当晚的一个包厢，便立刻采取行动，并租了一匹栗色马。

晚上7点，布斯开始行动了。他找到自己的同伙潘因，然后商量好当晚的同一时刻行动，潘因去刺杀国务卿西华德，布斯去刺杀总统林肯。

快到晚上10点钟时，布斯来到福特剧院的后门，吩咐剧院的一木匠帮他看马，然后走进剧院，进入舞台底下，从那里的一个便门中穿出来，溜进一条小巷，又从那里走到剧院正门的大街上。

10点10分，布斯打开休息室的门走入正厅，想看看总统的包厢里有没有其他人。他曾经看过这部戏，所以他也早已盘算好应该在哪几个高潮时下手。又过了一会儿，舞台的正前方就只有一个演员，两旁也只有一个妇女和一个男孩。每当两名女演员下场时，观众总会发出笑声，这笑声也许会淹没一个包厢内发出的不同寻常的声音。

布斯悄悄地上了通往特等坐席的楼梯，穿过后边的一排座位，来到通往总统包厢的过道门口。他靠在墙上，冷静地环视着大厅。这时，舞台上就只剩一个演员了。

布斯打开那扇通往总统包厢的狭窄过道上的门，进门后随手把门关上，并用一根细木棍支在事先挖好的凹痕处，顶住门框，然后蹑手蹑脚地走到包厢门口，通过事先钻好的小孔向里窥探，看到他要谋杀的那个人正好坐在他希望坐的那个位置上。于是，他轻轻地把门拉开，悄悄地走进了包厢。

直到那一瞬间之前，任何可能都会发生，而一旦发生就会完全影响下一步将要出现的情况。可惜的是，这个瞬间什么也没发生，下一瞬间发生的事竟然载入了史册……

4月26日上午，正义之剑终于降临到约翰·威尔克斯·布斯的头上。他那受伤的胫骨暴露了他的身份，他的末日来临了。

这天，这个对奴隶制死心塌地的卫道士，终于在弗吉尼亚州卡洛林县的博林格林被联邦军警追赶上。在一个从外面放火烧着了的仓库中，一颗正义的子弹射穿了这个匪徒的颈骨。

布斯被人从大火中拖出来后，放倒在一棵大树下，苟延残喘地等待死亡的来临。据说，布斯在死前要求旁人把他的双手抬起来，让他能看看自己的这双手。他望着自己的这双手，然后用沙哑的嗓子低声说：

"不行了！不行了！"

这是布斯死前吐出的最后几个字。这个罪孽深重的恶棍，就这样结束了生命。

随后，与布斯一同作案的4名罪犯也都先后落网，被送上了绞刑架。

（四）

1865年4月18日，成千上万的人汇集到白宫的草坪上。他们排成两列纵队，分别从灵柩两侧鱼贯地走入东厅，瞻仰林肯总统的遗容。

在白宫的东大厅，停放着林肯总统的遗体。一顶黑色绉绸的帷幔罩放在台上的灵柩上。灵柩的四周装饰着穗状饰物、草叶、银星和银线。在一座银碑上，刻着这样的碑文：

合众国第十六任总统亚伯拉罕·林肯
生于1809年2月12日
卒于1865年4月15日

第二天，数百名政要来到白宫举行哀悼仪式。在表示哀悼的隆隆礼炮声中，总统的灵柩慢慢启动。美利坚合众国第十六任总统亚伯拉罕·林肯，最后一次出了总统府正面巍峨的大门。

在通往国会大厦的路上，人行道和路两旁都挤满了前来瞻仰的人群。6万名群众目送着4万人的送殡行列缓缓移动。

4月21日上午，林肯的灵柩被安放在华盛顿车站一节特别的殡车上，开始了送殡的旅程。载着总统遗体的列车将行驶2736千米，沿途经过4年前林肯第一次赴华盛顿就职时所经过的各站。

在巴尔的摩，处处都表示出对总统的哀悼和崇敬；在哈里斯堡，有3万多群众冒着倾盆大雨来送别总统；在费拉德尔菲亚，有50万人等候殡车，前来致哀的人排了近5千米长；在纽约市，从高楼大厦到贫民窟，将近10万人汇成了浩浩荡荡的送殡行列，其中包括2000名黑人代表……

沿途的每一座城镇、每一个乡村、每一个十字路口和每一个偏僻的农庄，都对林肯总统的去世表示沉痛的哀悼。

灵车终于回到了斯普林菲尔德，停在林肯曾经发表过演讲的州议会大厦里。前来哀悼的人从清晨到深夜，川流不息。

5月4日，在斯普林菲尔德，灵柩被运到橡树岭公墓进行安葬，数万名的群众前来出席林肯总统的葬礼。他们满含悲痛，听取了林肯总统的第二次就职演说录音。

鲜花散向墓穴，一把一把，多得积成了花丘，却也表达不尽人们对已故总统的哀悼和追念……

林肯去世后，美国和世界的评论家都一致赞誉这位伟大的总统，认为他的一生体现了两大成果——解放黑奴和维护联邦。正是他所领导的这两项伟大的事业，才确保北方在南北战争中最终赢得胜利。

俄国著名作家列夫·托尔斯泰也评价说：林肯由于具有"独特的精神力量和伟大的人格"，已经成为世界人民心目中的传奇人物，"他的地位相当于音乐中的贝多芬、诗歌中的但丁、绘画中的拉斐尔和人生哲学中的基督。即便是他不曾当选为总统，也将无可争辩地与现在一样伟大，但这恐怕只有上帝知道"。

爱默生认为，林肯总是根据需要而成长。在战争年代中，他是一个"没有假日的总统，没有晴日的水手……他的历史就是他那个时代的美国人民的真正历史。他一步一步地走在前面，他们慢，他也慢；他们加快步伐，他也加快步伐。他是这个大陆的真正代表，是完全献身于社会活动的人，是合众国之父"。

林肯总统遇刺后，诗人沃尔特·惠特曼还以真挚的感情撰写了一首最能抒发广大人民内心哀痛的挽歌。

诗人想象着，正有一艘航船历经大海中的惊涛骇浪和痛苦磨难，最终正准备朝码头上欢呼的人群和欢迎的钟声平稳地驶进港口时，突然，甲板上鲜血流淌，船长一动不动地躺在那里。他已闭上了双眼，浑身业已冰凉。于是，无数急剧跳动的心灵，共同迸发出了一曲万人尽肃的悲歌：

> 船长啊我的船长！
> 起来吧，
> 起来细听这钟声！
> 旌旗为你招展，
> 号角为你齐鸣，
> 人们为你献上束束花环，
> 人群为你挤满了海滩，
> 这汹涌的人流在为你呐喊，
> 多少张笑脸在殷切地期待。

船长，我亲爱的父亲，
在这里，你的头枕上我的胳膊！
甲板上的一切，恍如梦境——
你闭上了双眼，浑身业已冰冷。

我的船长没有答应，
他苍白的双唇永远紧闭。
我的父亲感觉不到我的胳膊，
他已停止脉搏，毫无知觉。
我们的航船安然停靠，
它的航程到此终了。
这英雄的船儿，
胜利归来，征服了惊涛骇浪。
啊，欢呼吧，汹涌的海滩，
齐鸣吧，响亮的钟声！
可我轻轻挪动悲悲切切的脚，
徘徊在甲板上，那里躺着我的船长
他闭上了双眼，浑身业已冰冷。

林肯在十几岁的时候当过村里杂货店的店员。有一次，一个顾客来买东西时多付了几分钱，林肯为了退这几分钱跑了十几里路。还有一次，林肯在卖茶叶时发现少给了顾客二两茶叶，便跑了几里路把茶叶送到那人家中。林肯诚实、好学、谦虚的品质，每到一处都受到周围人的喜爱。

林肯生平大事年表

1809年 亚伯拉罕·林肯出生在美国肯塔基州哈丁县霍金维尔附近的一间简陋的小木屋中。

1816年 7岁，全家搬离居住地。

1818年 9岁，年仅34岁的母亲南希·汉克斯不幸病逝。

1827年 18岁，自己制作了一艘摆渡船。

1831年 22岁，经商遭遇失败。

1832年 23岁，竞选州议员，落选；想进法学院学习法律，但未能如愿。

1833年 24岁，向朋友借钱经商，年底破产。接下来用了十多年的时间，才把这笔钱还清。

1834年 25岁，再次竞选州议员，成功当选。

1835年 26岁，订婚，然而在即将结婚时，未婚妻病逝。

1836年 27岁，精神完全崩溃，卧病在床达6个月。

1838年 29岁，竞选州议员发言人，未能成功。

1840年 31岁，争取成为被选举人，落选。

1842年 33岁，与玛丽·托德结婚。

1843年 34岁，参加国会大选，再次落选。

1846年 37岁，再次参加国会大选，成功当选国会议员。

1848年 39岁，寻求国会议员连任，失败。

1849年 40岁，欲在自己州内担任土地局长，被拒绝。

1850年 41岁，退出国会，继续做律师。

1854年 45岁，竞选参议员，落选。

1856年 47岁，参加共和党全国代表大会，竞选副总统提名，失败。

1858年 49岁，再度参选参议员，再度落选。

1860年 51岁，作为共和党候选人，当选美国第十六任总统。

1862年 53岁，起草《解放奴隶宣言》草案。

1863年 54岁，正式颁布《解放奴隶宣言》。

1864年 55岁，连任美国总统，南北战争以北方军的胜利而结束。

1865年 56岁，4月14日晚，在华盛顿福特剧院被演员约翰·威尔克斯·布斯开枪射击，15日经抢救无效去世。